인생을 만나다

예수님이 찾아오시는 일곱 가지 순간들
# 인생을 만나다

지은이 | 조재욱
초판 발행 | 2024.12.11
등록번호 | 제1988-000080호
등록된 곳 | 서울특별시 용산구 서빙고로 65길 38
발행처 | 사단법인 두란노서원
영업부 | 2078-3333  FAX | 080-749-3705
출판부 | 2078-3331

책값은 뒤표지에 있습니다.
ISBN 978-89-531-4984-7 03230

독자의 의견을 기다립니다.
tpress@duranno.com www.duranno.com

* 본문에 인용한 성경 본문은 대한성서공회에서 펴낸 새번역판을 따랐습니다.

두란노서원은 바울 사도가 3차 전도여행 때 에베소에서 성령 받은 제자들을 따로 세워 하나님의 말씀으로 양육하던 장소입니다. 사도행전 19장 8-20절의 정신에 따라 첫째 목회자를 돕는 사역과 평신도를 훈련시키는 사역, 둘째 세계선교(TIM)와 문서선교(단행본·잡지) 사역, 셋째 예수문화 및 경배와 찬양 사역, 그리고 가정·상담 사역 등을 감당하고 있습니다. 1980년 12월 22일에 창립된 두란노서원은 주님 오실 때까지 이 사역들을 계속할 것입니다.

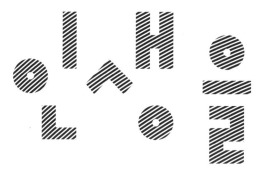

예수님이 찾아오시는
일곱 가지 순간들

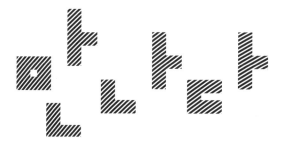

조재욱 지음

두란노

# 목차

1장

## 부조리한 인생에서

예수를 만나다

2장

## 무기력한 인생에서

예수를 만나다

3장

## 텅 빈 인생에서

예수를 만나다

조재욱 목사의 《인생을 만나다》는 마치 믿지 않는 사람에게 예수님을 선교한 팀 켈러의 《예수를 만나다》를 떠올리게 합니다. 책 제목에서 알 수 있듯이 성경 속 다양한 인생의 모습을 소개하지만, 결국 예수님을 만나는 것으로 귀결됩니다. 진정한 인생은 결국 우리 삶의 주인이 누구냐에 달려 있기 때문입니다. 사람들은 예수님을 믿지만 예수님이 누구신지 잘 모르는 경우가 많습니다. 이 책은 오늘날 사람들 안에 숨겨서 있는 문화 내러티브들을 잘 드러내면서 인생 갈망의 진정한 충족이 그리스도 안에 있음을 잘 보여 줍니다. 매력적인 접근법과 성경의 깊이가 조화를 이루고, 그리스도의 아름다움이 드러나는 귀한 글입니다. 매력적이며 깔끔한 메시지면서도 현장에서 경험한, 땀 냄새 물씬 나는 야성이 동시에 느껴집니다. 우리의 지성을 통해 잠자는 야성을 불러일으키며 진정한 인생을 살아가게 합니다. 인생의 답을 찾고 있는 누군가를 만난다면 이 책을 선물하고 싶습니다.

**고상섭** 그사랑교회 담임목사

무거운 주제를 무겁게 이야기하면 초보다. 무거운 주제를 가볍게 이야기하면 욕먹는다. 무거운 주제를 지혜롭고 부드럽게 이야기하면 사람들이 듣기 시작한다. 여기에 인생이라는 무거운 주제를 탁월하게 풀어 나가는 복음 이야기가 있다. 무기력, 공허, 고통처럼 다루기 어려운 주제들마다 철저히 성경에 기반하여 이야기를 풀어내면서도, 오늘의 현실과 시대 문화를 향한 공감을 놓치지 않는 치밀한 논리 전개가 일품이다. 보통 인생을 다룬 책들은 철학적이고 이론적이라 인생의 답이 없을 때 읽어 보려다가 더 머리가 아파지기도 한다. 그러나 이 책은 철학과 이론을 넘어 예수님을 만나게 한다. 오늘의 맥없는 나의 현실이 어떻게 예수님과 연결될 수 있는지 알고 싶다면 이 책을 읽으라. 이미 알고 있다고 생각했던 그분을 새롭게 만나는 신비를 경험하리라.

**서창희** 한사람교회 담임목사

많은 그리스도인이 "인생의 해답은 예수님께 있다"는 말을 듣기는 하지만 실제 삶의 문제 앞에서 어떻게 예수님이 해답이 된다는 건지는 모르는 경우가 많다. 조재욱 목사는 이 책에서 (이전의 책에서도 늘 그랬듯) 간명하고 읽기 쉬운 문체와 시대를 읽는 섬세한 지식, 그리고 예수 그리스도가 어떤 분이며 무엇을 하셨는지에 대한 깊은 지식을 바탕으로 "인생의 해답은 예수님께 있다"는 말을 입증해 낸다. 그는 특히 도시에 사는 젊은 세대가 느끼는 부소리, 무기력, 공허, 고통, 불안, 방황, 분노의 원인을 명확하게 파악하고 있으며, 우리네 삶에 함께하신 예수 그리스도를 복음서에서 발견하여 정확하게 제시한다. 인생의 어려움을 겪는 젊은 그리스도인에게도 추천하지만, 기독교가 과연 내 삶에 도움이 되는지 궁금해하는 비신자에게도 선물하고 싶은 책이다!

**이정규** 시광교회 담임목사

이 책은 현시대를 살아가는 구도자들의 의문 앞으로 나를 불러 세웁니다. 그리고는 부조리, 무기력, 공허, 고통, 불안, 방황, 분노 등 인생의 근본적인 문제를 직면하게 합니다. 이것만으로도 의미 있는 일입니다만, 거기에서 끝이 아닙니다. 모든 사람들이 알면서도 정작 모르는, 진리의 존재인 예수님을 차근차근 설명하기 시작합니다. 이 책은 근원적이면서도 현실적입니다. 청년들의 실존적인 질문에 예수님으로 답하고자 한 저자의 기도와 고뇌의 결과물이기 때문입니다. 당신이 던지는 질문의 답이 여기에 있음을 책을 펼치는 순간부터 느끼게 되실 겁니다.

**이종찬** 종리스찬TV 운영자, 벧엘선교교회 전도사

# 알면서 정작 모르는
# 예수님을 만나다

"예수님은 알면 알수록 너무 매력 넘치는 분인 것 같아요."

종종 사람들과 기독교 신앙에 대해 이야기하다 보면 저도 모르게 이 말이 툭 튀어나올 때가 있습니다. 저도 모르게 튀어나오는 걸 보면 상대방에게 예수님을 어필해 그 사람을 기독교인으로 만들려는 수작(?)은 아닌 거 같습니다.

실제로 예수님의 삶과 말씀, 그분의 행동을 사람들에게 이야기하다 보면 믿음이 없어도 예수님에 대해 매력을 느끼는 것을 보곤 합니다. 제가 온갖 입에 발린 소리를 하며 예수님을 과대 포장해서일까요? 아니요. 예수님을 알아 가고 그분에 대해 이야기할 때마다 저는 절대 예수님을 과대 포장할 수 없다는 사실을 깨닫습니다. 오히려 그분을 알아 가고 이야기할 때마다 제가 깨닫는 한 가지는 예수님은 그 무엇으로도 설명할 수 없을 만큼 크고 깊은 분이라는 사실입니다. 물론 그렇게 생각하지 않거나, 살면서 예수님에 대해 그다지 깊게 생각하지 않은 분들도 있을 거라 생각합니다. 그렇다면 이 책을 잘 집어 들었다고 말씀드리고 싶습니다. 이 책은 여러분을 위해 쓰인 책이니까요.

많은 사람이 예수님에 대해서 알고 있지만 예수님을 모릅니다. 이게 무슨 말이냐고요? 저는 2021년 인스타그램에 '물음에 답하다'라는 기독교 계정을 시작하며 사람들에게 조금씩 알려지기 시작했습니다. 어느새 계정은 5만7,000여 명의 사람들과 소통하는 계정이 되었지요. 처음 글로만 시작했던 계정은 이제는 짧은 영상도 올리고, 개인적인 소식과 교회 소식도 전하는 등 조금 더 다양하게 사람들과 소통하는 계정으로 바뀌었습니다. 그렇다면 5만7,000여 명의 사람이 저를 아는 걸까요? 알지만 모릅니다. 적어도 제 이름이나, 담임하고 있는 교회, 제

글을 통해 어떤 생각과 가치관을 가지고 있는지 정도는 알 수 있겠죠. 하지만 그것으로 저를 안다고 할 순 없습니다. 사람들은 저라는 사람의 특징, 성향, 제가 경험해 온 개인적인 사연과 삶의 이야기, 무엇보다 제가 생각보다 허점투성이라는 사실을 알지 못합니다. 저에 대해 피상적으로 알 뿐이죠.

예수님을 아는 것도 비슷한 것 같습니다. 굳이 교회를 다니지 않아도 예수님이라는 인물에 대해 모르는 사람은 없습니다. 일 년에 한 번 예수님의 탄생을 기념하는 날이 온 세계인의 축제와 같은 날이니, 예수님은 분명 유명인사라 할 수 있습니다. 어떤 사람은 이런 예수님에 대해 다른 이보다 조금 더 많이 압니다. 예수님이 역사 속에서 기독교를 존재하게 한 인물이고, 성인 중 한 사람이며, 사랑을 이야기했고, 사람들을 가르치며 기적을 행했다는 등, 예수님에 대해 조금 더 많은 정보를 알고 있습니다. 하지만 그것으로 예수님을 안다고 할 순 없습니다. 이 사람 역시도 예수님을 알지만 한편으론 모릅니다. 그렇다면 예수님을 하나님의 아들이자, 하나님으로 고백하는 그리스도인들은 예수님에 대해 잘 알고 있는 걸까요? 꼭 그렇지도 않은 것 같습니다.

언젠가 모태신앙으로 평생 신앙생활을 하고 교회에서 리더도 맡았던 형제가 고민을 안고 저를 찾아왔습니다. 이유인즉 당시 교제하던 여자친구가(지금 두 사람은 결혼해서 믿음의 가정을 꾸렸습니다.) 기독교에 대해 긍정적인 마음을 가지고 궁금한 것들을 물어보는데, 여기에 어떤 대답을 해줘야 할지 모르겠다는 고민이었습니다. 그런데 저는 그 형제가 물어보는 것들이 너무나 기초적인 신앙의 이야기라는 것에 놀랐습니다. 그리고 그 형제를 향해 이렇게 질문했습니다.

"형제는 연기자를 꿈꾸며 연기를 공부하고 연습하고 있잖아요. 그런데 만약 형제가 평생 연기를 한 원로 연기자를 향해 '선생님, 연기란 무엇인가요?'라고 물어봤을 때 그분이 '연기? 몰라. 그냥 카메라 앞에서 쇼하는 거지 뭐. 별거 있겠어?'라고 한다면 어떻게 생각할 거 같아요? 그 모습이 굉장히 이상해 보이지 않겠어요? 그런데 평생 신앙생활한 형제를 향해 누군가가 '예수님은 어떤 분이야?'라고 질문했는데 '예수님? 나도 잘 몰라. 그냥 좋은 분이야. 아! 하나님의 아들이지. 어떻게 아냐고? 잘은 모르겠는데⋯ 그냥, 나는 그렇게 믿어. 너도 그렇게 믿으면 돼'라고 한다면 그 사람이 어떻게 생각할까요? '역시 평생 신앙생활한 사람은 다르구나. 이 사람은 진짜 예수님을 아는구나'라고 생각할까요?"

놀랍게도 그 형제뿐만 아니라 제가 만난 많은 그리스도인이 크게 다르지 않았습니다. 사람들은 교회를 다니며 오랜 시간 신앙생활을 했지만 정작 예수님에 대해선 잘 알지 못했고 그다지 궁금해하지도 않았습니다. 차이가 있다면 예수님에 대해 조금 더 많은 정보를 알고 있는 정도일 뿐이었습니다.

저는 사람들과 이야기하며 왜 사람들이 예수님에 대해 잘 알지 못하고, 딱히 궁금해하지도 않는지 크게 두 가지 이유를 알게 되었습니다. 첫째는, 사람들에게 예수님은 그저 종교적인 존재였습니다. 사람들은 대부분 예수님을 기독교라는 특정 종교의 지도자 혹은 기독교인만 믿는 신적인 존재라고 생각했고, 이런 이미지는 '예수님은 나와 딱히 상관없는 분'이라는 심리적 거리를 두게 했습니다. 둘째는, 사람들에게 예수님은 너무 인간적인 존재였습니다. 아까는 종교적이라고 하다가 이번엔 인간적이라니 이게 무슨 말이냐고요? 때로 사람들에게 예수님은 그저 좋은 선생님 혹은 역사 속에서 놀라운 사랑을 보여 주고 실천한 선구자적인 '인간'에 불과했습니다. 하지만 예수님을 이런 인간적인 존재로만 생각한다면 '예수님이 하나님의 아들이다. 죽음에서 부활했다' 등의 이야기를 들을 때 "그게 무슨 말도 안 되는 소리야. 그런 건 생각할 가치도 없어"라고 선을 그으며 그분을 더 알아 가려 하지 않습니다.

우리가 정말 예수님을 알고자 한다면 그분을 너무 종교적으로만 바라봐서도 안 되고 인간적으로만 대해서도 안 됩니다. 우리는 예수님을 그저 예수님으로 봐야 합니다. 이게 무슨 말이냐고요? 예수님이 사람들과 어떤 대화를 나눴고, 사람들에게 어떻게 다가갔으며, 그들에게 어떤 메시지를 주었고, 어떤 일을 행하셨는지 그분의 삶과 가르침을 있는 그대로 봐야 한다는 뜻입니다. 그리고 이런 예수님을 만난 사람들이 반응하고 변화하는 과정을 보면서 우리는 진짜 예수님이 어떤 분인지를 알아갈 수 있습니다.

이 책은 이런 예수님과 그분을 만난 사람들의 이야기를 통해 예수님이 어떤 분인지, 예수님이 우리의 삶에 찾아온다는 것은 어떤 것인지, 예수님이 오늘날 내 삶에 도대체 무엇을 가져다 주실 수 있는지에 대해 이야기합니다. 그중에서도 특별히 인생의 부조리, 무기력, 공허, 고통과 불안, 방황과 분노 속에 있는 이들이 예수님과의 만남을 통해 무엇을 알게 되었고 어떤 변화를 경험하게 되었는지에 대해 이야기하고자 했습니다.

놀랍게도 이들이 만난 예수님은 종교적이기만 한 분도, 인간적이기만 한 분도 아니었습니다. 예수님은 놀랍도록 종교적이며 때로는 놀랍도록 인간적인 분이었습니다. 만약 예수님이 종교적이기만 했다면 그분은 굳이 인생의 여러 아픔과 사연 속에 있는 사람들에게 찾아가 번거롭게 대화하며 시간을 보내시지 않았을 겁니다. 그저 사람들을 향해 "내가 시키는 대로만 해라. 무조건 믿어라. 감히 묻거나 따지지 말거라"라고 했겠죠. 반대로 만약 예수님이 인간적이기만 했다면 그분은 사람들 곁에서 함께 울며 위로해 주었을지언정 그들의 문제를 해결하거나 삶을 회복시켜 줄 순 없었을 겁니다. 그저 "참, 안타깝구나. 하지만 내가 너에게 해줄 수 있는 건 딱히 없단다. 그건 내 능력 밖의 일이야"라고 하셨겠죠. 하지만 예수님은 사람들이 가지고 있는 각자의 아픔과 사연에 다양한 방식으로 다가가셨을 뿐 아니라 각사의 방식에 맞게 그들을 대하십니다. 인생에서 갈증을 경험하고 있는 여인에게는 생수로 대화의 문을 여시고, 종교지도자에게는 그에게 익숙한 종교적인 언어로 대화하시며, 무기력감에 빠진 병자에게는 무엇이 그를 무기력하게 만들고 있는지 깊은 내면을 돌아보게 하십니다. 이처럼 예수님은 너무나 인간적인 모습으로 각자의 상황에 맞게 사람들을 찾아가시고 그들과 대화하십니다.

하지만 예수님은 다양한 고민과 아픔을 경험하고 있는 사람들에게 결국엔 한 가지를 말씀하십니다. 그건 바로 그들이 경험하는 문제의 해결책이 '예수님 자신에게' 있다는 사실입니다. 이런 예수님의 메시지는 너무나 종교적이었습니다. 그런데 사람들은 종교적인 예수님을 통해 그들이 한 번도 알지 못했던 인간적인 하나님을 봅니다. 그들은 인간적인 예수님을 통해 그들이 한 번도 경험하지 못했던 종교적인 하나님을 봅니다. 그리고 이 예수님을 통해 완전히 새로운 삶의 회복을 경험하기 시작합니다. 도대체 예수님의 무엇이 이런 회복을 안겨다 주었을까요? 그것은 바로 인간적인 위로도, 종교적인 강요도 아닌 복음입니다. 그들은 예수님을 통해 이전까지 한 번도 알지 못했던 완전히 새로운 '기쁜 소식'을 만났습니다. 네, 그들은 '기쁜 소식'을 들은 것을 넘어 '만났습니다!' 바로 이게 앞으로 우리가 살펴볼 사람들이 만난 예수님이었습니다.

그리고 이 이야기는 곧 우리의 이야기이기도 합니다. 오늘날에도 여전히 우리는 인생의 부조리를 마주합니다. 때로는 더 이상 아무것도 하기 싫은 무기력감을 경험하고, 열심히 달려왔지만 정작 아무것도 남는 게 없어 보이는 공허를 경험하며, 이해할 수 없는 인생의 고통과 고난을 경험합니다. 때로는 알 수 없는 막막함 속에서 불안을 느끼고, 길을 잃은 것 같은 방황과 타오르는 분노를 느낍니다. 이 모든 것에서 우리는 자유로울 수 없습니다. 그래서 예수님은 오늘날에도 여전히 우리에게 찾아오십니다. 때로는 너무나 인간적인 모습으로, 때로는 도저히 타협할 수 없는 종교적인 모습으로 우리를 찾아오십니다. 그리고 우리를 찾아온 예수님을 향해 반응할 것을 요구하십니다.

그런 의미에서 이 책은 오늘날 우리와 동일한 인생의 문제를 경험하던 성경의 사람들과 예수님과의 만남을 다루었습니다. 그중에서도 특별히 성경의 이야기가 오늘날 우리의 삶과 어떻게 연결되는지에 초점을 두려고 했습니다. 그러다 보니 전문적이고 신학적인 지식보다는 현실적인 부분을 다루는 영역이 많다는 걸 이해해 주셨으면 합니다. 성경과 예수님에 대해 전문적인 지식을 원하는 분에게 이 책은 가볍게 다가올지 모릅니다. 하지만 인생의 고민 속에 있는 분들에게 이 책은 의미 있고 묵직하게 다가올 것입니다.

앞에서 저는 많은 사람이 예수님에 대해 알면서도 정작 잘 모른다고 말했습니다. 그렇다면 목사인 저는 예수님이 대해 잘 알까요? 아니요. 예수님에 대해 알아 갈수록 저는 그분이 제가 다 알기엔 너무나 크고 깊은 분이라는 것을 깨닫습니다. 그래서 저는 예수님을 알아 가는 것이 너무나 즐겁습니다. 매번 예수님을 볼 때마다 이전에는 알지 못했던 새로운 매력과 면모를 알 수 있으니까요. 우리는 매년 가을 하늘을 보고 경험합니다. 이때 그 누구도 매년 보는 가을 하늘을 향해 "이제 질린다. 그만 보고 싶다"라고 말하지 않습니다. 가을 하늘은 매년 보지만 볼 때마다 새롭고, 아름다우며, 우리를 감탄하게 합니다. 가을 하늘에 담긴 경이와 아름다움은 우리가 평생을 보고 알아도 다 알기에 부족합니다. 과연 하나님이, 하나님의 아들인 예수님이 가을 하늘보다 못할까요? 아니요! 결코 그렇지 않습니다! 바로 이게 제가 예수님을 볼 때마다 경험하는 일입니다. 저는 그분을 볼 때마다 매번 새로운 모습에 놀라고, 경이를 느끼며, 감탄합니다. 이 일은 제 평생에 아니 앞으로도 영원토록 지속될 것입니다.

저는 이 책을 통해 여러분 또한 이런 예수님을 경험하고 알아 가기를 바랍니다. 특별히 누군가에겐 이 책이 평생토록 예수님을 알아 가는 인생의 출발점이 되기를 바랍니다. 여러분이 아직 그리스도인이 아니든 혹은 이미 그리스도인이든 예수님은 매년 새로운 가을 하늘처럼 우리에게 늘 새롭게 찾아오실 것입니다.

2024년 12월

조재욱

1장

부조리한 인생에서

예수를 만나다

# 등굣길이 끝나도
# 출근길이 다시 반복될 뿐…

20세기 프랑스의 철학자 알베르 카뮈(Albert Camus)를 아시나
요? 철학을 잘 몰라도 그의 이름은 한 번쯤 들어 본 적이 있을
것 같은데요. 철학 하면 보통 '이해하기 어려운 그들만의 이
야기'라고 생각할 수 있습니다. 저도 마찬가지입니다. 가끔
있어 보이기 위해 철학책을 집어 들고 읽다 보면 내가 뭘 읽
고 있는지, 이건 도대체 무슨 말인지, 제대로 이해하고 있는
건 맞는지 머리가 빙빙 도는 경험을 하거든요. 철학자들은 우
리가 이해할 수 없는 난해한 말만 하는 것 같지만, 알베르 카
뮈가 한 말 중에서 특별히 공감되는 말이 있습니다. 바로 "인

생은 그 자체로 부조리다"라는 것입니다.

알베르 카뮈는 이를 설명하기 위해 그리스의 시지프 신화를 비유로 듭니다. 그리스 신화에 등장하는 시지프는 신에게 노여움을 산 대가로 평생토록 산꼭대기에 거대한 바위를 올려놓는 형벌을 받은 인물입니다. 얼핏 들으면 그게 무슨 형벌인가 싶지만, 진짜 고통은 따로 있었습니다. 그건 바로 시지프가 오랜 시간 고생해서 거대한 바위를 산꼭대기에 올려놓으면 곧바로 바위가 반대편 아래로 떨어져 버리는 것이었습니다. 그러면 시지프는 떨어진 바위를 들고 다시 힘겹게 산을 오릅니다. 언제까지요? 평생을요! 알베르 카뮈는 인생을 이 시지프의 형벌에 비유합니다. '인생이란 결국 모습만 다를 뿐, 굴러떨어질 바위를 끊임없이 산 위에 올려놓는 것처럼 의미 없는 일상의 반복일 뿐이다'라는 것입니다.

이 말을 들으며 가장 먼저 떠오른 모습은 중고등학생 시절 등굣길과 직장인의 출근길이었습니다. 전교 꼴지와 전교 1등의 공통점을 하나 찾으라고 한다면 둘 다 아침 일찍 일어나 학교 가는 걸 싫어한다는 것 아닐까요? 학창 시절에 학교 다니는 걸 좋아하는 학생은 없습니다. 그래서 누구나 학교를 졸업하고 성인이 될 때 "자유다!"라고 외치며 좋아하죠. 하지만 안타깝게도 그 자유는 오래가지 않습니다. 고대하던 취업에 성공하고 나면 학창 시절보다도 훨씬 더 길고 지루한 출근 길을 맞이해야 하니까요. 마치 하나의 바위를 산 위로 올렸더니 굴러떨어져서 다시 올려야 하는 시지프의 모습 같지 않나요? 그렇게 부조리하게 여기던 등굣길이 끝나니 다시 출근길이 닥쳐오는 인생. 이것 또한 부조리한 인생의 한 모습입니다.

사실 인생의 부조리는 등굣길과 출근길보다 훨씬 더 복잡하고 다양합니다. 끊임없이 무엇인가를 해야만 하는 삶. 한때는 나를 행복하게 해줬던 것들이 산꼭대기에서 떨어지는 바위처럼 사라져 버리는 경험들. 이것 또한 인생의 부조리라고 할 수 있습니다.

어떻습니까? 지금까지 우리는 나만의 바위를 들고 인생이라는 산을 올라왔습니다. 현대 사회에서 우리가 열심히 나르는 인생의 바위는 때로는 학업이 될 수도, 진로가 될 수도, 안정적인 취업이나, 내가 목표로 하는 성공 혹은 사람들의 인정이 될 수 있습니다. 아마 지금도 이런 바위를 들고 산을 오르고 계신 분도 있을 것이고, 어떤 바위는 힘겹게 산꼭대기에 올려놔 보기도 했을 겁니다. 그렇다면 한번 여쭤 보고 싶네요. 그것이 크든 작든, 나만의 바위를 산꼭대기에 올려놓고 보니 어떻던가요? 내가 그토록 원했던 성취를 이루고 보니 "그래, 됐다. 좋은 등반이었어. 이제는 산 위에서 마음껏 맑은 공기를 마시고, 울창한 숲을 느끼고, 자연을 바라보며 여생을 즐겁게 보내면 되겠네"라는 생각이 들던가요? 아니면 겨우 이룬 성취가 마치 시지프의 바위처럼 땅으로 곤두박질치는 허무가 찾아오진 않던가요?

물론 누군가는 이렇게 말할 수도 있을 것 같습니다.

"목사님은 삶을 너무 부정적으로 보시는군요. 저는 지금 오르고 있는 이 산의 정상에만 도착하면 충분히 만족할 수 있을 거 같아요. 이 산만 오른다면 더 이상 또 다른 고생은 할 것 없이 정상에서 인생을 즐기며 살 거예요."

그렇다면 알베르 카뮈는 이렇게 답할지도 모릅니다.

"여러분은 인생을 아직 모르시는군요. 지금 열심히 오르고 있는 그 산 정상에 꼭 올라가 보길 바랍니다. 머지않아 다시 산 아래에서 또 다른 바위를 들고 산을 오르고 있는 자신을 발견하게 될 겁니다."

물론 이 이야기를 듣고 이런 질문을 하실 수도 있습니다.
"그렇다면 도대체 해결책이 뭐죠? 뭘 어떻게 하라는 건가요?

그냥 교회 열심히 잘 다니고 하나님 믿으면 된다는 겁니까?"

그렇게 쉬우면 좋겠지만 아쉽게도 이 문제는 단순하지 않습니다. 하지만 이 질문에 대답하기 전에 알베르 카뮈가 이야기한 해결책을 먼저 말씀드리고 싶습니다. 그는 부조리한 인생에서 벗어날 수 있는 유일한 해결책은 '삶이 부조리하다는 사실을 인정하는 것뿐'이라고 말합니다. 어차피 인생이 그런 거라면 평생 무거운 바위를 산꼭대기에 올려놓는 일을 반복하는 인생도 딱히 나쁘지 않을 수 있다고 말이죠. 어떤가요? 그의 해결책이 위로가 되나요? 이제 인생의 부조리함을 받아들이며 기쁘게 바위를 나를 수 있겠습니까?

사람들은 대부분 이 말을 들으며 "그래, 그럴 수도 있겠네"라고 대답할진 몰라도 여전히 어딘가 불편하고 시원하지 않습니다. 만약 인생의 부조리함을 그냥 받아들여야 한다면 우리는 굳이 이걸 가지고 '부조리하다'고 말하지도 않을 겁니다. 오히려 '이거 참 좋은 일이네'라고 말할 수도 있겠죠. 하지만 알베르 카뮈도, 우리도 이런 삶은 분명 부조리하다고 생각합니다. 맞습니다. 열심히, 그리고 끊임없이 고되게 일하는데도 영원히 만족을 얻지 못한 채 같은 일을 평생 반복하는 삶은 분명 어딘가 잘못되고 부조리한 것만 같습니다. 그래서 이런 인생을 살아갈 때 우리는 너무 힘들고 숨이 턱턱 막히기도 합니다.

그런데 만약 우리에게 다른 삶이 있다면 어떨까요? 부조리한 인생에서 벗어날 길이 있다면요? 끊임없이 굴러떨어지는 바위를 반복해서 올려놓는 것 같은 삶의 연속이 아니라 산정상에 올라 영원한 쉼과 안식과 평안과 자유를 누릴 수 있는 삶이 있다면요? 여러분은 둘 중 무엇이 더 가치 있다고 생각하나요? 둘 중에 어떤 인생을 살고 싶은가요? 당연히 후자가 아닐까요? 그렇다면 도대체 어떻게 이런 인생이 가능할까요? 어떻게 우리는 자유와 기쁨과 아름다움을 만끽할 수 있는 삶을 살 수 있을까요?

# 사마리아 여인이 진
# 시지프의 바위

요한복음은 4장 7-26절에서 예수님과 한 사마리아 여인의 만남을 소개하는데요. 그 속에서 우리는 예수님이 어떻게 우리에게 자유와 기쁨을 만끽하는 삶을 약속하시는지 발견할 수 있습니다. 이 이야기에서는 마치 시지프와 같은 삶을 사는 한 여인이 등장합니다. 시지프가 바위를 지고 있었다면 여인은 물동이를 지고 있지요.

여인은 오후 12시, 아무도 없는 우물가로 물을 길으러 왔습니다. 얼핏 보면 딱히 이상할 것 없어 보입니다. 하지만 당시 사람들은 이 여인의 모습을 보고 누구나 이상하다고 생각했을 것이 분명합니다. 무더운 팔레스타인 지역 사람들은 햇볕이 가장 뜨거운 한낮에는 무리한 활동을 하지 않습니다. 물을 긷는 일도 마찬가지였지요. 그러다 보니 당시 여인들은 해가 뜨기 전이나 해가 질 즈음에 우물가에 나옵니다. 그 시간이 되면 마을 여인들은 자연스럽게 삼삼오오 모여 함께 이동했고, 우물가는 마을 여인들이 서로 이야기를 나누고 교제하는 사랑방과 같은 역할을 했습니다. 그런데 이 여인은 혼자였습니다. 그것도 해가 가장 뜨거운 한낮에 말이죠. 그런 여자의 모습이 예수님 눈에도 당연히 평범해 보이지 않았습니다. 그리고 예수님은 이 여인이 어떤 사연을 가지고 있었는지 단번에 알아채십니다. 그래서 일부러 여인에게 말을 걸며 물을 달라고 부탁하시죠.

갑작스러운 예수님의 행동에 여인은 너무나 깜짝 놀랍니다. 그도 그럴 것이 당시 유대인들은 사마리아인들을 부정한 존재라 여겼기 때문이죠. 심지어 남녀 차별의 벽이 상당히 높았던 당시에, 사마리아인 그것도 여자인 자신에게 유대인 남자가 물을 달라고 하는 것은 굉장히 낯선 일이었습니다. 일반적인 유대인이라면 사마리아 여인이 물을 떠준다 해도 부정한 물이라며 갖다 버렸을 겁니다. 이렇게 낯설고 생소한 예수님의 행동에 여인은 질문합니다.

사마리아 여자가 예수께 말하였다. "선생님은 유대 사람인데, 어떻게 사마리아 여자인 나에게 물을 달라고 하십니까? (유대 사람은 사마리아 사람과 상종하지 않기 때문이다)"(요 4:9).

이때 의아해하는 여인을 향해 예수님은 어딘가 굉장히 어색하고 엉뚱한 대답을 하십니다.

"네가 하나님의 선물을 알고, 또 너에게 물을 달라는 사람이 누구인지를 알았더라면, 도리어 네가 그에게 청하였을 것이고, 그는 너에게 생수를 주었을 것이다"(요 4:10).

도대체 이게 무슨 말일까요? 이걸 조금 더 풀어서 설명하면 예수님은 여인을 향해 이렇게 말씀하신 것과 같습니다.

"내가 너에게 먼저 물을 달라고 말을 건 이유는 네가 내가 누구인지를 모르기 때문이다. 너는 내가 너에게 무엇을 줄 수 있는지도 모른다. 나는 네가 가지고 있는 사연과 문제가 무엇인지 알고 있고 그것을 해결할 수 있는 존재다."

여인에게도 예수님의 말은 이해하기 어려웠던 거 같습니

다. 그래서 여인은 예수님이 말씀하신 생수가 정말 마시는 물에 관한 이야기라고만 생각합니다. 그도 그럴 게 지금 여인은 마실 물이 필요해 우물에 온 상황이었으니까요. 안 그래도 매일 뜨거운 태양 아래에 홀로 물을 뜨러 나와야 하는 삶이 너무나 힘들고 괴로웠는데 갑자기 만난 유대인 남자가 다시는 목마르지 않을 생수를 준다고 하니 그게 뭔지는 몰라도 딱히 거부할 일은 없겠다고 생각한 거죠.

하지만 예수님이 말하는 생수는 여인이 생각한 것과는 달랐습니다. 왜냐하면 예수님은 단순히 마시는 물이 아니라 여인이 가지고 있는 인생의 갈증에 관해 이야기하신 것이기 때문입니다. 그래서 예수님은 여인이 한 번도 말하지 않았던 그녀의 사연을 불쑥 말씀하십니다. 그건 바로 그녀가 다섯 번이나 이혼을 당했다는 사실이었습니다. 그리고 바로 이게 여인이 아무도 활동하지 않는 가장 뜨거운 대낮에 홀로 광야 한가운데로 물을 뜨러 온 이유였습니다.

여성 인권이 낮았던 당시 이스라엘 사회에서 여성들은 일방적으로 이혼을 당하기 쉬웠습니다. 그럼에도 한 여인이 무려 다섯 번이나 이혼을 당했다는 사실은 당시에도 그다지 평범하진 않았습니다. 가뜩이나 보수적인 사회에서 사람들은 "아무리 그래도 저 여자에게 문제가 있으니 다섯 번이나 버림받은 게 아니겠어?"라고 숙덕거렸을 게 분명합니다. 자신을 향한 사람들의 부정적인 시선과 험담을 여인이 몰랐을 리 없습니다. 그렇게 여인은 사람들의 부정적인 시선과 수군거림을 피해 매일 아무도 물을 뜨러 오지 않는, 가장 뜨거운 한낮에 홀로 물을 뜨러 광야로 나와야만 했습니다.

매일 무거운 물동이를 지고 물을 길으러 오고 가는 길. 여인으로서는 자신의 비참하고 고통스러운 신세를 더욱 체감하는 현장이었을 것입니다. 그렇다고 생명에 반드시 필요한 물을 안 뜰 수 없는 노릇이었죠. 이런 의미에서 그녀가 매일 지는 물동이는 단순히 물을 담는 그릇이 아니었습니다. 여인에게 물동이는 마치 시지프가 산꼭대기로 들고 올라가야만 했던 바위처럼 괴롭고 무거운 인생의 부조리함이었습니다.

## 부조리한 인생을 뒤엎는
## 영혼의 정비사

무거운 물동이 너머에 그녀가 지고 있는, 더 깊은 인생의 부
조리가 보이나요?

'내가 왜 이렇게까지 살아야 하지?'

'도대체 왜 나만 이렇게 고생하며 사는 거지?'

'왜 나는 남들처럼 평범하지 않지?'

'무슨 잘못을 했다고 내게 이런 일이 생기는 거야?'

'다른 사람들은 다 행복하게 잘사는 것만 같은데 왜 내 인생
만 이러는 거야?'

이 글을 읽는 분들에게 묻고 싶습니다. 혹시 삶이 부조리하게 느껴지도록 하는 나만의 무거운 물동이와 바위가 어깨를 짓누르고 있지는 않습니까?

오늘날 사람들이 느끼는 인생의 가장 큰 부조리함 중 하나는 바로 돈과 얽힌 문제가 아닌가 싶습니다. 사람들은 남들보다 더 많은 '돈'이 없어서 '인생이 불행하고 부조리하다'고 생각합니다. 그래서 더 많은 돈을 벌기 위해 나만의 물동이를 들고 세상이라는 광야로 나갑니다. 마치 사마리아 여인처럼요. 이게 예수님이 우물가에 온 여인에게 말을 거신 이유였습니다. 예수님은 고통스러워하는 그녀의 인생에 개입하여 부조리함을 해결해 주고자 하셨습니다.

그런데 이때 예수님이 여인의 인생에 개입하시는 모습을 보면 그 방식이 여인에게는 굉장히 불편하고 부담스럽게 여겨지고 있다는 걸 알 수 있습니다. 여인은 가뜩이나 남자 문제로 마을 사람들에게 안 좋은 시선을 받고 있었습니다. 그런데 이런 여인이 광야에서 외간 남자, 그것도 유대인 남자와 단둘이 대화하고 있는 장면을 우연이라도 멀리서 누가 봤다면 어땠을까요? 얼마든지 또 다른 오해를 살 수 있습니다. 이런 상황은 여인에게 굉장히 불편하고 부담스러운 일이었을 겁니다. 거기다 안 그래도 뜨거운 시간에 물 뜨러 홀로 온 것

도 서럽고 힘든데 굳이 자신에게 물을 떠달라고 하다뇨. 이건
또 얼마나 황당하고 귀찮습니까?

그런데도 예수님은 여인이 여기기에 귀찮고 불편하며 어
떤 면에서는 위험할 수도 있는 방식으로 그녀의 삶에 개입하
십니다. 예수님은 왜 굳이 이렇게 하셨을까요? 그 이유는 여
인이 경험하고 있는 부조리함의 진짜 원인이 무엇이고 그녀
가 어떻게 여기서 벗어날 수 있는지를 깨닫게 하기 위해서였
습니다. 이게 예수님이 여인을 향해 이렇게 말씀하신 이유입
니다.

"이 물을 마시는 사람은 다시 목마를 것이다. 그러나 내가 주
는 물을 마시는 사람은 영원히 목마르지 아니할 것이다. 내
가 주는 물은 그 사람 속에서 영생에 이르게 하는 샘물이 될
것이다"(요 4:13-14).

이 말씀에 담긴 의미는 이렇습니다.

"나는 네가 인생의 부조리함에서 벗어나 진정한 자유를 얻기
원한다. 하지만 이 일은 네가 더 많은 생수를 얻거나 너만의
우물을 얻는 것 정도로는 이루어질 수 없다. 네가 경험하는

36

갈증은 단순히 우물의 문제도, 생수의 문제도 아니기 때문이다. 나는 네 인생의 더욱 근본적인 영혼과 내면의 문제를 해결하기 원한다."

사실 오늘날에도 우리가 경험하는 인생의 여러 고민과 문제들은 그렇게 단순하지 않습니다. 운전하다 보면 간혹 자동차 타이어에 바람이 빠질 때가 있습니다. 이때 타이어에 다시 바람을 넣을 순 있지만, 대게 한 번 바람이 빠진 타이어엔 바람을 넣어도 금세 다시 빠집니다. 바람이 빠졌다는 건 어떤 원인에 의해 타이어에 구멍이 뚫려 있다는 거니까요. 이걸 해결하기 위해서는 훨씬 더 귀찮고 복잡하며 불편한 과정이 필요합니다. 차를 들어 올려야 하고요, 타이어 곳곳을 살펴보며 어디에 이상이 있는지를 확인해야만 합니다. 경우에 따라 타이어 전체를 갈아야 합니다. 그러면 생각보다 큰 비용이 들기도 합니다. 하지만 이런 불편함이 있다고 해서 이 과정을 건너뛸 순 없습니다. 바람 빠진 타이어로 운전했다가는 큰 사고로 이어질 위험이 있습니다. 그래서 뛰어난 정비사는 귀찮고 불편하다는 이유로 구멍 난 타이어에 바람만 넣어 보내지 않습니다. 근본적인 문제를 반드시 해결합니다. 바로 이게 예수님이 우리의 삶에 개입하시는 방식입니다.

알베르 카뮈가 말한 것처럼 왜 우리 인생은 열심히 노력해서 나만의 바위를 산 위에 올리는 성과를 이뤘음에도 조금만 시간이 지나면 바위가 굴러떨어지듯 공허해질까요? 왜 한 때는 나의 가슴을 뛰게 하며 충만하게 했던 기쁨과 즐거움이 시간이 지나면 다시 바람 빠진 타이어처럼 시들어 버릴까요? 왜 인생의 목마름을 해결해 주리라 믿었던 어떤 목표를 이루어도 머지않아 우리는 또 다른 목마름과 갈증을 느낄까요? 어쩌면 우리가 인생에서 끊임없는 갈증을 경험하는 이유는 그 원인이 더욱 깊은 영혼의 문제에 있기 때문은 아닐까요?

예수님은 가장 뛰어난 영혼의 정비사십니다. 그분은 우리 마음에 뚫린 구멍을 못 본 척하는 분도, 대충 때우듯 가벼운 소원 따위를 들어주시는 분도 아닙니다. 그분은 우리 인생의 문제를 더욱 근본적으로 해결해 주십니다. 그래서 예수님은 때로는 우리 삶을 들어올리고, 이리저리 흔들어도 보시며, 상황과 환경을 뒤집고 갈아 엎으십니다. 그렇게 그분은 때로는 우리를 귀찮고 불편한 자리로 이끄십니다. 왜냐하면 인생의 근본적인 문제를 해결하기 위해서는 가장 먼저 그 문제의 원인이 더 깊은 영혼에 있다는 사실을 깨달아야 하기 때문입니다. 이게 16절에서 예수님이 사마리아 여인에게 "가서 네 남편을 불러 오라"라고 하신 이유입니다. 예수님은 그녀의 삶

에 진짜 문제를 다루기 원하셨고 이를 위해 불편한 그녀의 진
실을 끄집어내십니다.

그 여자가 대답하였다. "나에게는 남편이 없습니다." 예수께
서 여자에게 말씀하셨다. "남편이 없다고 한 말이 옳다. 너
에게는 남편이 다섯이나 있었고 지금 같이 살고 있는 남자도
네 남편이 아니니, 바로 말하였다"(요 4:17-18).

# 물동이를 놓고
# 내가 주는 물을 마시라

사실 여인이 경험하고 있는 인생의 부조리는 단순히 무더운 시간에 물동이를 들고 홀로 광야에 나가는 것 정도가 아니었습니다. 그녀가 가지고 있는 진짜 인생의 부조리는 자신을 진정으로 사랑해 줄 남편이 없다는 것이었습니다. 이런 인생의 부조리함 속에서 여인은 하나님을 예배하러 갈 때마다 남편을 두고 기도하곤 했습니다.

"하나님, 제발 저에게도 제대로 된 남편을 주세요. 그러면 저도 더는 남들에게 손가락질받지 않고 뜨거운 대낮에 혼자 물

뜨러 가지 않아도 되는 평범하고 행복한 인생을 살 수 있을 거 같아요. 그러니 제발 저에게 좋은 남편을 주세요."

그렇게 여인은 오랜 시간 간절히 예배하고 기도했지만, 그때마다 여인이 경험한 건 또 다른 이별의 상처와 아픔뿐이었습니다. 그 과정에서 여인에게는 한 가지 질문이 생기기 시작했습니다.

"유대인들은 거대하고 화려한 성전이 있는 저 예루살렘에서 예배를 드리는데 나는 그러지 못해 하나님이 내 기도를 들어주시지 않는 걸까? 나도 그곳에 가서 예배를 드린다면 하나님이 내 소원을 들어주실까?"

바로 이게 자신의 처지를 꿰뚫어 봐 준 예수님을 향해 여인이 불쑥 예배 장소에 대해 물은 이유였습니다. 이 질문에서 우리는 그녀가 그동안 무엇을 진정으로 예배하고 있었는지 알 수 있습니다. 여인은 겉으로는 너무나 성실하게 하나님을 예배하는 것처럼 보였지만 사실 마음 속 깊은 곳에서는 좋은 남편을 예배하고 있었습니다. 하나님이 나에게 좋은 남편만 주면 더는 인생의 아픔과 걱정은 사라지고, 행복하며, 만족스러운 인생을 살 수 있을 거라고 생각한 것이죠. 그렇게 그녀는 좋은 남편을 얻기 위해 사마리아인들의 예배 처소에 나가 열심히 봉사도 하고, 기도도 하고, 성경도 읽고, 예배도 드렸습니다. 그러나 정작 단 한 번도 진정으로 하나님을 예배한 적이 없었습니다. 단지 하나님을 예배하는 것을 통해 자신의 문제를 해결해 줄 좋은 남편을 얻으려 했을 뿐이죠. 그녀의 마음속 깊은 곳에 무엇이 있었는지 보이시나요? 이 여인은 인생의 구멍이 하나님이 좋은 남편을 주면 해결될 거라고 생각했습니다. 좋은 남편만 있으면 시지프의 형벌과 같은 무거운 물동이에서 벗어날 수 있을 거라고 생각했습니다. 그녀는 그렇게 마음으로는 하나님이 아니라 좋은 남편을 예배하고 있었습니다.

오늘날 우리의 모습 또한 이 여인과 크게 다르지 않습니다. 우리는 흔히 예배를 종교적인 행위 정도로 생각하지만 예배는 일상적인 행위입니다. 여인이 좋은 남편을 계속 구했던 것처럼 예배란 나를 진정으로 행복하게 만들어 줄 어떤 것을 끊임없이 구하는 것입니다. 그리고 갈구하던 것이 내 인생에 들어올 때에야 비로소 인생의 부조리에서 벗어나 참 평안과 행복이 찾아올 거라고 믿습니다. 그래서 "지금 내 인생이 이렇게 부조리한 이유는 많은 돈이 없어서, 더 좋은 집이 없어서, 안정적인 직장을 얻지 못해서, 좋은 연인을 만나지 못해서야. 그러니 이것만 있으면 나는 인생의 부조리함에서 벗어나 행복한 인생을 살 수 있어"라고 말하며, 그것들을 얻기 위해 간절히 예배합니다. 그뿐만이 아닙니다. 나를 행복하게 만들어 줄 것을 얻기 위해 시간과 돈, 건강을 쏟으며 인생을 바치곤 합니다. 이게 바로 오늘날 사람들이 열심히 교회에 다니며 예배를 드리는 이유입니다. 인생에서 무거운 물동이를 지고 살아가는 이유입니다. 오늘날에도 여전히 사람들은 이 물동이만 가득 채워지면 행복한 인생을 살 수 있을 거라고 믿습니다. 그래서 나만의 물동이를 지고 각자의 우물로 나갑니다.

하지만 사람들이 지고 있는 물동이는 모두 조금씩 깨져 있어서 아무리 채워도 채워지지 않습니다. 채워졌더라도 언젠가는 바닥나고 결국 또 다른 갈증을 느낄 수밖에 없습니다. 바로 이게 오늘날 사람들이 시지프의 형벌과 같은 인생의 부조리함을 경험하는 이유입니다.

성경은 인생의 부조리함이 전혀 이상한 일이 아니라고 말합니다. 왜냐하면 세상의 그 무엇도 끊임없는 영혼의 갈증을 해결해 줄 순 없거든요. 하나님은 인간이 하나님과 관계를 맺고 그분 안에서 영원한 만족과 행복을 얻으며 살도록 창조하셨습니다. 이를 두고 1세기 철학자 어거스틴은 말했습니다.

"당신은 당신을 향해서 살도록 우리를 창조하셨으므로 우리
마음은 당신 안에서 쉴 때까지 편안하지 않습니다."

어거스틴의 말처럼 우리가 하나님 안에서 그분을 위해 살
도록 창조되었다면 하나님을 통해서 인생의 참된 만족과 기
쁨과 자유를 경험할 수 있는 건 그렇게 이상한 일도, 부당한
일도 아닙니다. 마치 물고기가 물속에서 사는 걸 부당하거나
이상하다고 말하지 않는 것처럼요. 오히려 그것이야말로 물
고기에게 그 어떤 일보다 더 자연스러운 일이죠. 바로 이게
예수님이 여인을 향해 "내가 주는 물을 마시는 사람은 영원히
목마르지 않을 것이다"라고 말씀하신 이유였습니다.

예수님은 "내가 너에게 갈증을 해소할 수 있는 새로운 물
동이를 주겠다"라거나 "마르지 않는 생수를 얻을 수 있는 노
하우와 방법을 알려 주겠다"라고 하지 않으십니다. 예수님이
여인에게 말씀하시는 건 너무 단순했습니다.

"다시는 목마르지 않을 수 있는 생수가 나에게 있다. 내가 곧
생수다."

도대체 이게 무슨 말일까요? 먼저 예수님은 여인의 모습

에서 한 가지를 인정하고 계셨습니다. 여인의 마음은 반드시 다른 무엇인가로 채워져야 한다는 것입니다. 예수님은 여인을 향해 "네가 다른 누군가를 통해 사랑받으려 하는 건 잘못되었다. 너 스스로 너를 더 사랑하며 주체적인 삶을 살거라"라고 말씀하지도 않으십니다. 예수님은 그녀가 다른 누군가를 통해 사랑받는 것이 마땅하다는 걸 알고 계셨습니다. 더 쉽게 말해 예수님은 여인에게 이렇게 말하고 계신 것입니다.

"너는 하나님을 통해 사랑을 경험하도록 창조되었다. 누군가에게 사랑받고자 하는 너의 갈증은 결코 잘못된 것이 아니다. 다만 그것을 하나님이 아닌 다른 것들에서 얻으려 할 때 너는 계속해서 갈증을 경험할 수밖에 없다. 너는 남편을 통해, 결혼과 연애를 통해 그것을 얻을 수 있을 거라 생각했지만 그런 불완전하고 깨진 물동이는 너의 갈증을 결코 해결해줄 수 없다. 그것은 오직 하나님만이 주실 수 있다. 그분이 네 인생에서 가장 크고 최우선이 되는 가치와 사랑이 되어야 한다. 그것이 예배다."

예수님의 말에 여인은 대답합니다.

"나는 그리스도라고 하는 메시아가 오실 것을 압니다. 그가 오시면 우리에게 모든 것을 알려 주실 것입니다"(요 4:25).

이 여인의 이 말은 간단해 보이지만 그렇지 않습니다. 지금 여인은 예수님에게 놀라운 믿음의 고백을 하고 있습니다.

"그럴 능력이 감히 제게는 없습니다. 저에겐 인생의 갈망에서 저를 구원할 힘이 없습니다. 저에겐 하나님을 진정으로 예배할 능력과 자격이 없습니다. 저는 그렇게 못합니다. 저에겐 메시아가, 구세주가 필요합니다."

여인에게 어떤 변화가 나타나고 있는지 보이시나요? 조금 전까지만 해도 자신의 치부를 숨겼던 여인은 이제 자신의 연약함을 기꺼이 고백하기 시작합니다. 자신에게는 하나님을 예배할 자격과 능력이 없다는 사실을 털어놓습니다. 그리고 이런 자신에게 메시아가 필요하다는 사실을 인정합니다. 바로 이게 믿음입니다! 반복되는 인생의 부조리함에서 벗어나기 위한 시작은 그걸 극복하고 이겨 낼 힘이 나에게 없다는 사실을 인정하는 것입니다. 아무리 열심히 노력하고, 거대한 바위를 들고 수많은 산을 정복해도 그것들은 다시 산 아래로 굴러떨어지고, 풍선에 바람이 빠지듯 쪼그라들 수밖에 없다는 것을 인정하는 것. 나에겐 내 삶의 부조리함을 해결할 능력이 없다는 사실을 인정하는 것. 이것이 믿음의 시작입니다. 예수님은 이를 고백하는 여인에게 말씀하십니다.

"너에게 말하고 있는 내가 그다"(요 4:26).

예수님은 여인을 향해 "내가 네 인생의 궁극적인 갈증을 해결하기 위해 온 그리스도다"라고 말씀하고 계셨습니다. 여인이 경험하는 인생의 문제는 매일 짊어지던 무거운 물동이도 아니었고, 자신을 탐탁지 않게 바라보는 사람들의 시선도 아니었으며, 나를 행복하게 해줄 거라 믿었던 남편도 아니었습니다. 여인의 진짜 문제는 바로 하나님과의 관계에 있었습니다. 그리고 여인은 예수님을 통해 하나님과의 관계를 새롭게 회복하기 시작합니다. "하나님이 약속하신 메시아가 나에게 찾아오셨구나"라는 걸 여인은 처음으로 깨달은 것이죠. 그리고 하나님과의 관계가 회복되자 여인의 삶은 완전히 변화되기 시작합니다. 성경은 예수님과의 대화 이후 여인에게 일어난 변화를 두고 이렇게 표현합니다.

그 여자는 물동이를 버려두고 동네로 들어가서 사람들에게 말하였다(요 4:28).

이 모습에서 우리는 여인이 가지고 있던 두 가지 문제가 해결되기 시작한 것을 알 수 있는데요. 가장 먼저 여인은 자신을 비참하게 만들며 괴롭히던, 인생의 부조리였던 '물동이'를 드디어 내던집니다. 그리고 지금까지는 자신을 비난하는 사람들의 시선을 피해 다녔지만, 이제는 기꺼이 마을 사람들을 향해 가죠. '물동이'와 '사람들의 시선', 이 두 가지는 그동안 여인을 괴롭히던 인생의 가장 큰 부조리였습니다. 그런데 지금 여인은 자신을 짓누르던 물동이를 벗어 던지고, 사람들 안으로 들어갑니다.

여인은 이전까지 '내가 세상에서 제일 비참하고 불행하다'고 생각했습니다. 그런데 이제는 그런 생각에서 벗어나 당당하고 담대해져 있었습니다. 어떻게 이런 변화를 경험할 수 있었을까요? 예수님이 자신을 찾아온 메시아라는 사실을 깨달았기 때문입니다. 그동안 여러 남편에게 버림받고 사람들에게 비난받으며 버림받은 인생이라 여겼던 자신에게 메시아가 찾아왔다는 사실은 여인이 스스로를 이전과 완전히 다르게 바라보게 해 주었습니다.

# 우리 인생의 부조리를
# 대신 지신 그분께

우리는 종종 뉴스나 기사를 통해 아무런 죄도 없는 사람이 누명을 쓰고 수십 년 동안 억울한 옥살이를 했다는 이야기를 들을 때가 있습니다. 이런 이야기를 들을 때면 우리는 말합니다.

"이건 말도 안 돼! 너무나 부조리한 일이야!"

아무런 죄도 없는 사람이 다른 사람의 죄를 뒤집어쓰고 벌을 받는 건 분명 부조리한 일입니다. 그런데 성경은 하나님이 이런 부조리를 경험했다고 말합니다. 하나님이 우리를 창조하셨다면 우리의 삶은 그분께 속해 있습니다. 이 말은 우리가 하나님의 꼭두각시라는 말이 아닙니다. 하나님이 우리를 창조하셨다면 하나님이야말로 우리에게 진정한 삶을 가르쳐 주실 수 있는 분입니다. 그분이야말로 우리 삶의 행복과 가치, 아름다움이 어디에 있는지를 가장 잘 알고 계십니다. 우리가 그분께 속해 있기 때문입니다.

하지만 하나님의 품을 뛰쳐나간 사람들은 인생을 자기 마음대로 다루기 시작했습니다. 그렇게 하나님께 속해 있던 삶을 훔친 사람들은 그 무엇으로도 채워지지 않는 내면의 구멍과 거기서 오는 갈증을 경험하기 시작했습니다. 하지만 하나님은 자신을 떠나 채워지지 않는 갈증을 경험하는 우리를 보며 "나를 떠나더니 쌤통이다. 그렇게 평생을 살거라"라고 말씀하시지 않았습니다. "원래 인생은 그런 것이다. 내가 그렇게 부조리하게 만들었다. 그러니 그 안에서 그냥 최선을 다하며 스스로를 구원해 보거라"라고 하시지도 않았습니다. 오히려 하나님은 자신을 떠나 시지프의 형벌과 같은 삶을 살아가는 우리를 구원하기 위해 자신의 아들을 보내어 우리 대신 형벌을 받게 하셨습니다.

2천 년 전 예수님은 당시로서는 가장 무서운 형틀, 극악무도한 죄인과 저주를 상징하는 십자가를 들고 골고다 언덕을 오르셨습니다. 십자가 위에서 예수님도 목이 타는 듯한 갈증을 경험하셨습니다. 그러곤 말씀하셨죠. "내가 목이 마르다"라고요. 하지만 사람들은 갈증에 고통스러워하는 예수님을 보며 그분을 비웃고 조롱하며 멸시했습니다. 심지어 그분은 아무런 죄도 없었는데도요! 이 모습이 합당해 보이시나요? 이것이야말로 가장 부조리한 일 아닌가요? 그런데 하나님이 이런 부조리함을 자신의 아들에게 행하셨습니다. 바로 우리를 영원한 인생의 갈증과 부조리에서 구원하기 위해서요!

알베르 카뮈의 말처럼 인생이 부조리하게 느껴집니까? 네, 그럴 수 있습니다. 만약 우리 인생에 나를 대신해 부조리함을 받으신 예수님이 없다면 우리의 삶은 도저히 해석되지 않는 부조리함 투성이일 것입니다. 하지만 하나님이 나를 위해 모든 죄의 형벌과 저주와 갈증을 짊어지셨다면요? 우리를 부조리한 인생에서 구원하기 위해 자신의 아들에게 부조리함을 감당하게 한 하나님이 있다면요? 이런 하나님이 있다면 우리 삶은 결코 형벌과 부조리가 아닙니다. 이런 하나님이 계시다면 우리가 인생에서 부조리하다 느끼는 것들은 더 이상 부조리함으로만 끝나지 않습니다. 이런 하나님이 있다면 우리의 삶은 다시 굴러떨어지는 바위를 끊임없이 산 위로 올려야만 하는 고통스러운 부조리의 연속이 아닙니다. 우리를 대신해 모든 형벌과 부조리함을 받으신 하나님이 있다면 하나님은 비록 지금은 다 이해할 수 없지만 언젠가 반드시 우리를 영원한 산의 정상으로 이끌어 주실 게 분명합니다. 그리고 그때가 되면 우리는 비로소 "야호!"를 외치며 산 정상의 아름다운 공기를 마시고, 숲을 바라보며, 자연과 인생을 마음껏 즐길 수 있을 겁니다.

저 역시도 삶이 부조리하게 여겨질 때가 있었습니다. 지금도 그런 순간들이 찾아옵니다. 하지만 부조리해 보이는 그 시간을 통해 하나님은 무엇보다 제 마음의 깊은 갈증과 구멍의 원인을 깨닫게 하셨고 그것을 하나님 안에서 해결하는 방법을 알게 하셨습니다. 만약 그 시간이 없었다면 저는 지금도 여전히 저만의 방식으로 인생을 해석하며 갈증을 해결하기 위해 발버둥 치며 끊임없이 이 산, 저 산을 오르는 인생의 부조리를 경험하고 있었을 겁니다. 물론 지금도 저는 인생이라는 산을 오르고 있습니다.

하지만 이 산은 제게 더 이상 형벌이 아닙니다. 왜냐하면 언젠가 저를 영원한 산의 정상으로 인도해 줄 예수님이 계시니까요. 예수님은 이 순간에도 인생의 부조리를 경험하는 여러분에게 해갈의 삶을 주기 원하십니다. 이 예수님이야말로 우리를 대신해 모든 부조리함을 감당하신 참된 남편이자 사랑이십니다. 인생의 부조리한 시간 속에 있습니까? 지금, 여러분에게 말을 거시는 예수님께 반응하길 바랍니다. 그분에게 귀를 기울이길 바랍니다. 그분이 우리의 영원한 생수가 되어 주실 것입니다.

부조리를 지나는
당신을 위한 질문


1.  당신의 삶에서 '시지프의 바위'처럼 의미 없이 반복되는, 부조
    리하게 느껴지는 일은 무엇인가요?


2.  지금까지 살아오면서 인생의 갈증은 느꼈던 순간은 언제였나
    요? 그 갈증을 무엇으로 해결하려 했고 결과는 어땠나요?


3.  사마리아 여인의 '다섯 번의 이혼'과 같은 반복되는 실패나 상
    처의 경험이 있나요?


4.  당신의 삶을 '흔드는' 하나님을 경험한 적이 있나요?


5.  "내가 주는 물을 마시는 사람은 영원히 목마르지 아니할 것이
    다. 내가 주는 물은 그 사람 속에서 영생에 이르게 하는 샘물
    이 될 것이다"라는 예수님의 말씀 앞에 어떤 반응을 보이고 싶
    나요?

2장

# 무기력한 인생에서

## 예수를 만나다

# 인생에
# 무기력이 찾아오는 이유

영화 〈기생충〉에서 기택은 인생의 큰 절망을 경험한, 무기력한 가장입니다. 이런 그의 모습이 특히 잘 드러나는 장면이 있습니다. 바로 엄청난 폭우로 집이 침수되어 수재민이 된 기택과 그의 가족들이 체육관에서 밤을 보내는 장면입니다. 집이 침수되기 전부터 이미 그들은 매우 위태로운 사건을 경험하고 있었습니다. 이 위기 속에서 아들이 아버지에게 묻습니다.

"아버지, 이제 어떻게 해요? 아까 계획이 있다고 하셨잖아요."

이때 걱정스러운 표정으로 묻는 아들을 향해 기택은 초점 없는 눈빛과 무표정한 얼굴로 대답합니다.

"없어, 그런 거. 너 세상에서 가장 좋은 계획이 뭔지 아니? 바로 무계획이야. 노플랜. 계획해 봤자 어차피 계획대로 안 되는 게 인생이거든. 그러니까 무계획이 가장 좋은 계획이야."

기택의 말 속에 담긴 깊은 절망과 무기력이 보이시나요? 그러나 기택도 처음부터 이런 사람은 아니었습니다. 그 역시 한때는 중산층의 삶을 살며 꿈과 비전을 가졌던 평범한 가장이었지요. 하지만 예상치 못하게 찾아온 IMF 외환위기로 열심히 일하던 회사에서 잘리고, 전 재산을 투자해 시작한 대만 카스테라 가게는 망하고 맙니다. 그럼에도 그는 가장으로서 포기하지 않고 여러 가지 일을 하며 치열하게 살아갑니다. 하지만 그때마다 예상치 못하게 찾아오는 또 다른 인생의 풍파 속에서 계획에도 없는 실패를 계속 경험하죠. 그렇게 계획하지도 않은 인생의 실패가 반복되자 어느새 기택은 극심한 절망감과 무기력감에 빠져 그 어떤 소망도 없이 살아가는 사람으로 변해 버리고 맙니다.

물론 기택처럼 극단적인 인생의 절망에 빠져 계신 분들은 그리 많지 않을 겁니다. 오히려 저를 포함한 대부분은 각자가 그리는 밝은 미래 속에 나름의 계획을 갖고 있겠죠. 하지만 그럼에도 우리는 기택이 느끼는 인생의 절망과 무기력이 어떤 것인지 잘 알고 있습니다. 우리도 살면서 이와 비슷한 경험을 조금씩은 해 봤거든요. 최선을 다해 열심히 노력했지만 원하는 결과가 나오지 않았을 때, 전혀 예상치 못했던 청천벽력 같은 소식을 접했을 때, 계획했던 것이 모두 수포가 되는 실패를 경험했을 때, 한때는 옳다고 생각했던 선택이 틀렸다는 사실을 깨달을 때, 우리는 이 속에서 크고 작은 좌절과 무기력을 경험합니다. 어쩌면 이 순간에도 이런 절망과 무기력을 경험하고 있는 분이 계실지도 모르겠네요. 그런데 우리가 이 세상을 산다는 것은 이런 절망과 무기력을 경험할 수밖에 없다는 말과 같습니다. 그리고 이건 2천 년 전 예수님 당시에도 마찬가지였습니다.

요한복음 5장 1-20절에서도 기택처럼 인생의 절망 속에서 무기력에 빠진 한 사람이 등장합니다. 이름조차 나오지 않는 그는 38년 동안이나 거동이 불편한 병을 앓고 있던 한 병자였습니다. 성경은 그가 아주 오랜 시간 베데스다 연못에 자리를 깔고 있었다고 말합니다. 당시 베데스다 연못은 이스라엘의 수도인 예루살렘에 있는 길이 100m, 너비 80m, 깊이는

7-8m에 이르는 꽤 큰 연못이었습니다. 이 연못 한쪽에는 사람들이 쉴 수 있는, 한국으로 치면 정자와 같은 한 행각이 있었는데요, 성경은 이 행각 아래에 특정 부류의 사람들이 모여 있었다고 말합니다. 장애나 지병이 있는 자들이었습니다.

이들이 베데스다 연못의 행각 아래에 모여 있는 이유는 소문 때문이었습니다. 아마도 비가 많이 오면 지하로 스며든 연못 물이 옆에 있던 작은 웅덩이 바닥으로 올라와 솟구치곤 했던 것 같습니다. 그런데 언제부터인지 사람들 사이에서는 이 웅덩이에 물이 찰 때 그 물에 몸을 씻으면 어떤 병이든 낫는다는 소문이 돌기 시작했습니다. 시간이 지나 여기에 종교적인 상상력까지 더해져 어느새 사람들은 이 일이 하늘에서 내려온 천사가 행하는 기적이라고까지 말하기 시작했습니다. 하지만 그 물에 들어간다고 해서 모든 사람이 나을 수 있는 건 아니었습니다. 병이 낫기 위해서는 조건이 있었는데, 바로 웅덩이에 가장 먼저 들어가는 사람만이 나을 수 있었습니다. 지금이야 허무맹랑하게 들릴지 몰라도, 예수님 당시 이 소문은 사람들 사이에서 꽤 유명했던 것 같습니다. 그렇게 수많은 환자가 베데스다 연못으로 모였습니다. 그들은 그곳에서 '나도 병에서 나을 수 있지 않을까?' 하는 기대로 물이 차오르기만을 기다리고 있었습니다.

# 행복할 거라는 소문을 듣고
# 좇아왔건만

성경은 종종 오늘날 우리가 살아가는 세상을 장애로 고생하거나, 병 든 모습으로 비유하곤 합니다. 오해하지 마세요. 성경이 장애인이나 병자를 비하하는 건 아닙니다. 사람들은 종종 "하나님이 있다면 왜 세상에 이런 병과 장애가 존재하는 거예요?"라고 묻곤 합니다. 얼마든지 할 수 있는 질문이죠. 그렇다면 한번 생각해 보면 좋겠습니다. 태초에 하나님이 창조하신 세상에도 장애와 질병이 있었을까요? 창세기에 보면 하나님은 세상을 창조하시고 '보시기에 심히 좋았다'고 말씀하십니다. 하나님이 자신의 실력을 자화자찬하시는 걸까요?

'하나님이 보시기에 좋았다'는 말에는 그분이 창조한 세상의 모든 것이 그 어떤 문제도 없이 온전했다는 뜻이 담겨 있습니다. 네, 하나님이 태초에 창조한 세상에는 그 어떤 문제와 아픔도 없었습니다. 그런데 하나님은 이 온전한 세상을 인간에게 맡기십니다. 그만큼 그분이 인간을 사랑하고 인간에게 많은 권한을 부여해 주신 것이죠.

하지만 인간은 이런 하나님을 떠납니다. 그러곤 하나님이 창조하신 세상을 자기 마음대로 사용하며 다스리기로 결정하죠. 성경은 바로 이게 죄라고 이야기합니다. 결국 인간이 창조주인 하나님을 떠나 자기 마음대로 세상을 다스리기로 한 순간 하나님이 온전하게 창조하셨던 세상은 깨지기 시작했고 세상에는 질병과 장애, 죽음과 아픔이 찾아왔습니다. 바로 이게 성경이 하나님을 떠나 온전함을 잃어버린 세상을 병과 장애의 모습으로 비유하는 이유입니다. 이런 성경의 비유를 생각해 본다면 베데스다 연못의 행각에 모여 있는 사람들의 모습은 깨어진 세상에서 각자만의 아픔과 문제, 불완전함을 가지고 살아가는 오늘날 우리의 모습이라고도 할 수 있습니다.

사람들은 모두 겉으로 보기엔 아무런 문제가 없고 행복한 것처럼 보입니다. 자신의 삶을 포장하고 가면을 쓰고 사는 데

익숙해져 있거든요. SNS가 발달한 현대 사회에서 이런 모습은 더욱 심합니다. 핸드폰을 열어 SNS를 보세요. 나만 빼고 세상의 모든 사람이 다 행복한 것만 같습니다. 세상엔 예쁘고 잘생긴 사람밖에 없는 것 같고, 하나 같이 몸매도 조각 같습니다. 심지어 마음씨도 착해 보이죠. 하지만 우리가 그 사람들에 대해서 아는 건 오직 핸드폰 화면에 올라오는 사진뿐입니다. 이건 다른 누군가가 우리를 볼 때도 마찬가지입니다.

저 또한 SNS에서 활발하게 활동하고 책도 내며 강사로 다니는 모습을 보고 많은 분이 대단하다고 말씀해 주시곤 합니다. 네, 분명 분에 넘치게 감사한 일입니다. 하지만 제 삶에 그것만 있을까요? 조금만 깊게 저의 삶 속으로 들어가면 저에게도 많은 사연과 아픔이 있습니다. 전도사 시절에는 세상과 하나님을 향한 분노와 원망 속에서 피투성이가 된 주먹으로 당시 담임 목사님을 찾아갔다가 야단을 맞기도 했죠. 담임 목사님도 평소 얌전한 줄만 알았던 저의 낯선 모습에 깜짝 놀라셨던 기억이 납니다. 하지만 사람들은 제가 어떤 삶을 살아왔는지 모릅니다. 당연하죠. 굳이 제가 그걸 말하지도, 티를 내지도 않으니까요. 조금만 누군가의 삶 속으로 들어가 보면 문제가 없는 사람이 없습니다. 누군가와 진실하게 30분만 대화를 나눠 보세요. 사람들이 자기만의 아픔과 문제를 안고 있다는 것을 쉽게 발견할 수 있을 겁니다.

저희 교회는 성도 대부분이 2, 30대의 청년들로 이루어져 있는데요. 아무래도 젊은 청년들 위주이다 보니 겉으로 볼 때는 다들 에너지가 넘치며 별다른 어려움 없이 사는 것만 같아 보이곤 합니다. 어려움이라고 해봐야 청년 시기에 누구나 경험하는 방황이나 진로와 연애, 결혼에 대한 걱정 정도로 생각하죠. 하지만 성도 개개인의 이야기를 듣다 보면 어떻게 어린 나이에 그런 인생의 아픔과 고통을 경험하고 힘든 시간을 견뎌 왔는지, 안타까운 사연이 너무나 많습니다. 심지어 아직도 해결되지 않은 고난의 시간을 지나고 있는 중인 성도도 많습니다. 과연 저희 교회 성도들이 이상한 걸까요? 저는 그렇게 생각하지 않습니다. 세상에 문제가 없는 사람은 없습니다. 누구나 작든 크든 문제를 안고 살아갑니다. 꼭 뉴스에 나올 법한 문제만 있는 것은 아닙니다. 어떤 사람은 진로의 문제로, 또 어떤 사람은 취업의 문제로, 혹은 연애와 결혼의 문제로, 미래에 대한 막막함과 가정과 재정의 문제로 고민합니다. 누구도 이런 문제를 가지고 살고 싶어 하는 사람은 없습니다.

그래서일까요? 병과 장애에서 낫기를 원하는 간절함으로 베데스다 행각에 모인 사람들처럼 오늘날 사람들 또한 인생의 아픔과 질병에서 낫기를 간절히 원합니다. 그리고 이런 사람들을 향해 "당신의 문제와 아픔에서 벗어날 수 있는 해결책이 여기에 있습니다"라는 소문이 여기저기서 들려오죠. 진로의 문제를 해결해 주겠다는 학원들, 연애와 결혼의 해결책이 여기에 있다는 결혼정보 업체들, 취업을 책임져 주겠다는 취업 박람회들, 인생을 역전시켜 주겠다는 로또, 비트코인, 부동산, 주식 열풍 등. 세상에서는 여러 소문이 들려옵니다. 지금 이 순간에도 핸드폰에 울리는 수많은 스팸 문자와 이메일, SNS 광고를 통해 수많은 소문이 들려오고 있습니다. 그리고 사람들은 자신의 문제가 해결되지 않을까 하는 설렘과 희망을 안고 소문이 들리는 곳으로 몰려들죠.

그러나 문제를 해결해 주고 행복을 주겠다고 외치는 세상의 소문을 따라가 봐도 원하는 것을 얻기란 매우 어렵습니다. 마치 제일 먼저 물에 들어간 한 사람만 병에서 나을 수 있다는 베데스다 연못의 소문처럼, 오늘날에도 세상에서 들리는 수많은 소문을 좇아가 보면 기회를 얻을 수 있는 사람은 치열한 경쟁에서 이기고 맨 앞에 선 소수의 사람뿐입니다. 원하는 대학에 입학하는 사람은 등급이 우수해서 커트라인을 무사히 통과한 몇 사람뿐이고, 결혼정보 업체에서 성공적인 결혼을 하는 사람도 아주 높은 등급을 가진 소수의 사람뿐이며, 취업, 공무원 시험, 로또 당첨도 맨 앞에 선 몇 사람만이 혜택을 받을 수 있습니다. 물론 이 모습 자체가 잘못된 것은 아닙니다. 하지만 분명한 것은 세상의 소문을 따라가도 막상 우리가 원하는 것을 얻기란 굉장히 힘들다는 사실입니다.

그렇다면 과연 이 수많은 경쟁을 이겨 내고 자신이 원하는 것을 얻은 사람들은 해피엔딩을 맞이할까요? 세상에서 성공을 거두고, 맨 앞에 선 사람들의 이야기를 들어 보면 그렇지도 않은 것 같습니다. 피겨 여왕이라 불리는 김연아는 한 인터뷰에서 그토록 염원하던 금메달을 따고 난 이후 오히려 허망함을 경험했다고 말한 적이 있습니다. 굳이 금메달까진 아니어도, 여러분도 이런 경험을 한 번쯤은 해본 적이 있을 겁니다. 어릴 적 너무나 가지고 싶었던 장난감을 가졌을 때 그 기쁨과 행복감이 얼마나 가던가요? 개인적으로 저는 일주일을 넘지 않았던 것 같습니다. 그러곤 친구가 들고 있는 다른 장난감을 갖고 싶어했지요. 이처럼 치열한 경쟁에서 이기고 맨 앞에 선 사람들은 자신이 원하는 것을 얻었다고 생각할 때 비로소 그 소문이 과장된 헛소문이었다는 걸 깨닫기 시작합니다. 원하는 대학만 가면 모든 고생이 끝날 거라는 소문이 거짓이었다는 것을 깨닫고, 취업만 하면 삶이 안정될 것이라는 소문이 환상이라는 걸 깨달으며, 결혼만 하면 행복한 가정을 이룰 수 있다는 말이 과장된 소문이었다는 것을 깨닫기 시작합니다. 더 많은 돈을 벌면 더는 걱정거리가 없을 거라는 말이 완전한 진실이 아니라는 걸 깨닫기까지는 그리 오랜 시간이 걸리지 않습니다.

지금까지 얼마나 많은 소문을 듣고 좇으며 살아왔습니까? 그 소문이 사실 그대로였나요? 물론 그 속에서 잠깐은 만족하고 좋았을지 모릅니다. 하지만 세상의 소문 아래에서 얻은 만족과 기쁨은 잠시일 뿐이고 우리는 머지않아 또 다른 소문을 좇아가는 나를 볼 수 있습니다. 왜 그럴까요? 큰 이유 중 하나는, 우리가 좇았던 소문이 그렇게까지 완벽하지 않았기 때문입니다. 과장된 소문이었던 것이죠. 그렇다면 그다음은 어떨까요? 지금 좇고 있는 또 다른 소문의 자리는 다를 거라고 어떻게 확신할 수 있을까요? 우리는 이미 살면서 한 번쯤, 아니 생각보다 많이 행복할 거라는 소문이 완전한 진실이 아니었다는 것을 경험해 왔습니다. 그럼에도 지금도 여전히 어딘가에서 들리는 또 다른 소문의 자리로 달려갑니다. 그곳에서 주인공이 되기 위해 치열하게 살아갑니다. 바로 이게 병과 아픔, 장애를 가진 채 소문의 행각 아래 모여 있던 사람들이 보여 주는 세상의 모습입니다.

## 왜 그 자리에서
## 벗어나지 못하는가

성경에 등장하는 38년 된 병자는 세상의 소문을 쫓던 가장 대표적인 사람입니다. 그는 거동 자체가 힘든 어떤 병을 앓고 있었습니다. 이런 그에게도 사람들 사이에서 떠도는 소문이 들렸고, 그는 자신이 소문의 주인공이 될 수 있진 않을까 하는 희망을 안고 베데스다 연못으로 왔습니다.

그러나 움직이는 것 자체가 불편했던 이 병자가 치열한 경쟁을 뚫고 가장 먼저 물에 들어가는 것은 불가능에 가까웠습니다. 그럼에도 그는 처음 몇 년 동안은 자신도 언젠가 연못에 첫 번째로 들어갈 수 있을 거라는 희망을 안고 온갖 노력을 다합니다. 하지만 그에겐 몸이 불편한 자신을 도와줄 가족도, 친구도 없었고 점차 시간이 흐르며 그와 함께 있던 사람들은 하나 둘 그곳을 떠나기 시작했습니다. 그렇게 그는 어느새 그곳에서 가장 오랜 시간 자리를 깔고 누워 사람들에게 구걸이나 하는 신세가 되어 있었습니다. 예수님이 그곳에 있는 수많은 병자 중에서도 이 38년 된 병자에게 주목하신 이유가 바로 여기에 있습니다. 그래서 성경은 이 만남을 두고 이렇게 묘사합니다.

예수께서 누워 있는 그 사람을 보시고 또 이미 오랜 세월을 그렇게 보내고 있는 것을 아시고는 물으셨다. "낫고 싶으냐?"(요 5:6).

연못가에 누워 있는 그를 본 순간 예수님은 그가 살아온 인생 전부를 아셨습니다. 베데스다의 소문을 처음 들었을 때만 해도 병에서 해방될 거라는 기대감이 있었지만, 반복되는 실패 속에서 분노로, 자포자기로, 그리고 어느새 극심한 무기력으로 변하게 된 모든 과정을 아신 것이죠. 이를 두고 성경은 예수님이 "병이 벌써 오래된 줄 아시고"라고 말합니다. 그가 거기서 이미 오랜 세월을 보낸 줄 아셨다는 말입니다. 그리고 예수님은 그에게 찾아가 물으십니다.

"네가 병에서 낫기를 원하느냐?"

그런데 가만 생각해 보세요. 예수님의 질문이 조금 이상하지 않습니까? 그가 낫기를 원하는 건 굳이 물어보지 않아도 충분히 알 수 있는 사실이잖아요. 낫기를 원하니까 그곳을 찾아갔겠죠. 그런데도 예수님은 38년 된 병자를 향해 "네가 낫기를 원하느냐?"라고 물으십니다. 왜 예수님은 당연한 질문을 그에게 했을까요? 어느새 이 병자에게는 자신이 나을 수 있다는 사실이 당연하지 않았기 때문입니다. 그에겐 '나도 언젠간 나을 수 있을 거야'라는 희망이 모두 사라져 있었습니다. 신학자 톰 라이트(Nicholas Thomas Wright)는 이 부분을 두고 이렇게 설명했습니다(《모든 사람을 위한 요한복음1》, IVP, p.87).

"예수님이 보실 때 거기 누워 있던 그 남자는 오랜 세월 낫기만을 기다리는 것이 생활이 되어 있었다. 그에게 예수님의 질문은 정곡을 콕 찔렀다. 너는 정말로 낫기를 바라느냐? 아니면 누군가 다른 사람이 늘 먼저 들어간다는 시덥잖은 핑계나 대면서, 주위를 어슬렁대다 하루하루 연명하는 데 만족하고 있는 건 아니냐?"

예수님은 38년 된 병자를 보는 순간 그가 가지고 있는 진
짜 문제가 단순히 신체의 병이 아니라 어느새 그의 마음 깊은
곳에 자리 잡은 무기력감과 절망이라는 것을 아셨습니다.

'이번 생은 틀렸어. 나에겐 더 이상 소망 같은 건 없어. 내 인
생은 변하지 않을 거야. 어떤 놈들은 도와줄 가족이나 친구
라도 있지만 나는 그런 것도 없잖아. 더러운 세상. 난 버림받
았어.'

이렇게 삶에 대해 좌절하고, 세상을 향해 분노하고 있는
그의 마음을 예수님은 누구보다 잘 아셨습니다. 바로 이게 예
수님이 병자를 향해 "낫고 싶으냐?"라고 물으신 이유입니다.
예수님의 질문에 대한 병자의 대답은 그의 속내를 더욱 잘 보
여 줍니다.

그 병자가 대답하였다. "주님, 물이 움직일 때에, 나를 들어
서 못에다가 넣어주는 사람이 없습니다. 내가 가는 동안에,
남들이 나보다 먼저 못에 들어갑니다"(요 5:7).

그의 답변을 보세요. 만약 그에게 낫고자 하는 소망이 여전히 있었다면 "낫고 싶으냐?"라는 질문에 "네! 그럼요. 저 좀 도와주시겠습니까?"라고 바로 대답했을 겁니다. 하지만 그는 지금 예수님을 향해 도와달라는 부탁이 아닌 자신의 신세를 한탄하고 있습니다. 그는 적극적으로 낫고자 하는 의지와 희망을 말하는 것이 아니라 자신이 왜 병에서 나을 수 없는지에 대한 절망을 말하고 있습니다.

"선생님, 제 인생은 이미 글렀습니다. 저는 기회가 있어도 그것을 잡을 처지가 안 됩니다. 다른 사람들은 가족이나 친구들이 도와주기라도 하는데, 제겐 그런 가족과 친구도 없습니다. 제게는 이제 나을 수 있다는 기대조차 없습니다. 그냥 돈이나 좀 주시겠습니까?"

우리는 여기서 한 가지를 더 생각해 볼 수 있습니다. 어차피 자신에게 소망이 없다는 것을 아는데도 그는 왜 거기서 벗어나지 못하고 있을까요? 이미 자신에겐 기회도 능력도 없다는 사실을 너무나 잘 알고 있지 않나요? 그러면 포기하고 다른 데로 가도 됐을 법한데 말이죠. 무엇이 그를 그곳에서 떠나지 못하게 했을까요?

이유는 간단합니다. 어디로 가야 할지 몰랐거든요. 그는 베데스다 연못에 더 이상 소망이 없다는 걸 알았지만, 그렇다고 딱히 다른 대안도 없었습니다. 어쩌면 그는 오랜 시간 그곳에 있으면서 그 소문이 헛소문이었다는 사실도 알았을 것입니다. 그럼에도 그는 그곳을 떠나지 않습니다. 아니, 더 정확히 말하면 떠나지 못하고 있었습니다. 그를 뒤덮고 있는 극심한 절망과 무기력이 그곳을 떠날 용기조차 내지 못하게 했거든요. 그렇게 그는 이도 저도 아닌 모습으로 연못에 자리를 깔고 누워 그곳에 오는 사람들에게 구걸이나 하는 삶을 살고 있었습니다.

이 병자의 모습에서 우리는 왜 오늘날 우리도 극심한 무기력과 좌절을 경험하는지 알 수 있습니다. 저는 지금 하나님을 믿으면 그 어떤 무기력과 좌절도 경험하지 않을 수 있다는 말을 하는 게 아닙니다. 동시에 '무기력과 좌절을 느끼는 건 모두 죄다!'라고 말하는 것도 아닙니다. (물론 무기력과 좌절은 죄의 한 모습이긴 합니다.) 우리는 얼마든지 인생의 무기력과 좌절을 경험할 수 있고, 이미 경험해 왔으며, 앞으로도 경험할 것입니다. 하지만 동시에 우리는 인생의 무기력과 좌절을 극복하고 일어날 수도 있습니다. 주변 사람들의 위로와 격려 속에서 다시 힘을 얻고, 하나님께 간절히 기도하며, 어떻게든 다시 일어납니다.

하지만 그 정도를 훌쩍 뛰어넘어 더는 살고 싶지도 않은 극심한 좌절과 인생 전체가 부정당하는 것만 같은 무기력을 느낄 때가 있습니다. 그 어떤 위로도, 기도도 소용없고, 지금까지의 믿음과 삶이 전부 뿌리 채 흔들리는 것 같은 낙심을 경험할 때가 있습니다. 왜 그럴까요? 우리가 너무 믿었기 때문입니다. 갑자기 믿음이라니 무슨 말인가 싶으신가요? 하지만 이게 사실입니다. 우리가 때로 도저히 극복하기 어려운 너무나 큰 좌절과 무기력감에 빠지는 이유는 잘못된 것을 너무나 확고히 믿었기 때문입니다.

앞서 말했듯 오늘날에도 여전히 우리는 세상에서 수많은 소문을 듣습니다. 그런데 조금만 관심을 가지고 귀를 기울이면, 세상에서 들리는 소문이 과장되고 헛된 소문이라는 것 또한 우리는 어렵지 않게 알 수 있습니다. 소문을 좇았던 사람들이 좌절과 낙망을 경험한 이야기, 원하는 것을 얻었지만 정작 행복하지 않았다는 이야기, 유일한 소망이라 생각했던 것이 진정한 소망은 아니었다는 이야기는 우리 주변에서 차고 넘쳐납니다. 하지만 그럼에도 사람들은 세상의 소문을 좇으며 이야기합니다. "그건 네 이야기지. 나는 아니야. 나는 다를 거야"라고요. 이런 사람들의 모습을 볼 때면 과거 한 유명

복싱 선수의 말이 떠오르곤 합니다.

"누구나 그럴싸한 계획을 가지고 있다. 처맞기 전까지는."

제 친구 중에서 여의도 증권가에서 활동하는 친구가 있는데요. 그 친구는 종종 수백억 원 자산가들을 만나 투자 상담을 하곤 합니다. 그런데 이 친구가 만나는 고객들 대부분이 같은 이야기를 한다더군요. "돈 많으면 행복할 것 같죠? 물론 많으면 좋긴 해요. 근데 행복하진 않아요. 오히려 돈이 많을수록 그만큼 더 허무해요. 그게 돈이에요"라고요. 제 친구는 그 이야기를 들을 때면 이런 생각을 했다고 합니다. '그건 당신이 돈이 많으니까 배부른 소리 하는 거지. 나는 달라. 나는 충분히 행복할 수 있어.' 그러던 어느 날 제 친구는 자신의 인생에서 가장 소망하던 목표를 얻게 된 날 제게 말했습니다. "그토록 원했던 걸 얻었는데 내가 생각했던 거랑 달라. 앞으로라고 다를 수 있을까? 장담을 못하겠어. 난 길을 잃었어."

물론 아직 엄청난 돈을 벌거나 대단한 목표를 이루지 못한 분도 계실 겁니다. 그렇다고 살면서 한 번도 성취를 이뤄본 적이 없는 사람은 없겠지요. 우리는 살면서 작든 크든 목표하던 것을 이루어 봤습니다. 그 목표라는 것이 세상이 말하는 여러 소문에 기반한 것이었을 수도 있습니다. 가령 학창시절에 이런 말을 종종 들었을 것입니다. "대학만 가면, 어른만 되면 하고 싶은 거 다 할 수 있어. 그러니 지금은 조금만 참고 공부해." 그런데 그 소문이 사실이던가요? 대학에 가고 어른이 되니 정말 내가 들었던 소문처럼 하고 싶은 거 하면서 살 수 있던가요? 아니요. 대학에 가고 어른이 된다고 해서 하고 싶은 대로 살 수는 없습니다. 그저 학생 때보다는 조금 더 선택의 폭이 넓어질 뿐이죠. 그에 따르는 책임도 내가 져야 합니다.

이렇게 내가 들었던 소문이 과장되고 헛된 것이었다는 경험을 한번쯤은 해 봤을 것입니다. 그런데도 사람들은 세상의 또 다른 소문에 귀를 기울입니다. 그리고 말하죠. "이번에는 다를 거야. 그래도 나는 아닐 거야." 네, 사실 우리는 세상의 소문을 맹목적으로 믿으며 살아가고 있습니다.

## 소문의 자리가
## 온전한지 점검하라

흔히 사람들이 믿음에 관해서 이야기할 때면 말합니다.

"아니, 도대체 시대가 어떤 시대인데 아직도 믿음 타령이에
요? 저는 근거가 있고 확실한 것만 믿어요."

하지만 정작 우리는 인생을 살면서 대부분 무엇인가를
증명하고 따지기보다 그냥 믿어 왔습니다. 여러분은 지금까
지 수많은 사람의 이야기들, TV 광고, 내가 듣고 배운 내용
이 정말 사실인지 아닌지, 그것이 확실하고 근거가 있는지,

나에게도 똑같이 적용되는지 얼마나 객관적으로 조사하고 따져 봤나요? 지금 내가 목표로 하는 학교, 직장, 연봉, 꿈을 정하면서 그것이 나에게 맞다는 확실한 근거와 데이터를 얼마나 갖고 있나요? 누구도 삶을 그런 식으로 살지 않습니다. 그렇게 살아갈 수도 없습니다. 사람들은 모두 자신만의 믿음을 가지고 세상을 살아가고 믿음은 우리가 생각하는 것 이상으로 삶 전체에 영향을 미치고 있습니다. 우리가 무엇인가를 꿈꾸고 소망할 때도 마찬가지입니다. "나는 이렇게 살면 행복할 거야"라는 말은 과학적으로 증명할 수 없습니다. 그렇게 믿는 것이죠. 이처럼 우리가 무언가를 소망하기 위해서는 그것이 나의 삶을 행복하게 만들어 줄 거라는 믿음이 있어야 합니다.

그런데 성경은 우리가 수없이 믿고 살아온 세상의 소문이 불완전하다고 말합니다. 그것은 과장되었고 우리가 기대하는 만큼 완벽하지 않습니다. 그런데도 불완전한 소문을 소망하며 "나는 다를 거야. 나는 행복할 수 있어"라고 믿고 있다면 우리는 결코 진정한 삶의 회복과 행복을 경험할 수 없습니다. 오히려 잘못된 것을 더욱 믿을수록 그것이 과장된 헛된 소문이었다는 걸 깨달을 때 우리는 쉽게 헤어날 수 없는 극심한 무기력과 좌절감에 휩싸이고 말 것입니다. 그래서 예수님은 38년 된 병자에게 찾아가 물으신 것처럼 오늘날에도 잘못된 소망의 자리에서 떠나지 못하고 있는 우리에게 찾아와 물으십니다.

"네가 낫고 싶으냐?"

이 질문은 단순히 "너 취업하고 싶니?" "결혼하고 싶니?" "성공하고 싶니?" "돈 많이 벌고 싶니?" 같은 것이 아닙니다. 예수님의 질문은 훨씬 더 근본적이고 본질적인 우리 인생에 대한 질문입니다.

"네가 정말 새롭게 변화된 삶을 살기를 원하느냐? 진짜 인생의 소망을 찾고 싶으냐? 인생의 참된 의미와 목적을 발견하고 싶으냐?"

그런데 많은 사람이 38년 된 병자처럼 예수님의 질문에 "네!"라고 대답하지 못합니다. 왜냐하면 예수님의 말씀을 따른다는 건 한편으론 내가 소망으로 여겨 왔던 것들에서 떠나는 것이기 때문입니다. 그렇다고 이 말이 하나님을 믿으면 돈도 필요 없고, 세상에서 성공과 명예를 좇아서는 안 되며, 오직 교회 안에서 기도와 봉사만 하며 살아야 한다는 말은 아닙니다. 하나님의 뜻은 우리가 모두 마더 테레사가 되는 게 아닙니다. 오히려 "네가 낫고 싶으냐?"라는 예수님의 질문에는 이런 뜻이 담겨 있습니다.

"너는 인생의 진정한 소망이 나에게 있다는 것을 신뢰할 수 있겠느냐? 네가 중요하게 여기는 것을 때로는 포기하는 것만 같고, 네가 간절히 원하는 것이 이루어지지 않아도 내가 그것을 뛰어넘어 네가 생각하지도 못한 방식으로 일할 수 있다는 사실을 믿을 수 있겠느냐? 너는 나를 그 자체로 소망으로 삼을 수 있겠느냐?"

바로 이게 때로는 하나님이 우리의 소망을 들어주지 않는 것처럼 보이는 이유입니다. 하나님은 우리가 과장된 소문의 자리로 가는 것을 도와주는 분도 아니고 그렇게 일하시지도 않습니다. 왜냐하면 하나님은 우리의 참되고 영원한 소망이 어디에 있는지를 가장 잘 아시는 분이니까요. 그래서 하나님은 우리가 잘못된 소문을 좇으며 "하나님, 저를 저쪽으로 데려다주기만 하세요. 이번엔 이쪽으로요"라고 기도한다고 해서 그것을 들어주시지 않습니다. 아무리 무언가를 두고 간절히 기도하고 열심히 노력한다 해도 우리가 자리를 깔고 앉아 있는 곳이 잘못되었다면 그곳은 진정한 소망이 될 수 없으니까요.

진정한 회복과 치유를 원한다면, 나에게 맞는 삶을 찾기 원한다면, 인생의 아픔에서 낫기를 원한다면, 우리가 해야 하는 일은 내가 자리를 깔고 앉아 있는 소문의 자리가 진실인지 아닌지를 점검하는 것입니다. 믿음은 바로 여기에서부터 시작됩니다. 잘못된 자리에 앉아 "하나님 이걸 꼭 들어주시리라 믿습니다! 조금의 의심도 하지 않습니다. 저는 반드시 믿음대로 될 것을 알고 있습니다"라고 말하는 것은 성경이 말하는 믿음이 아닙니다. 성경이 말하는 믿음은 내가 믿고 있는 것이 과연 올바른 것인지를 점검하고 돌아보는 것에서부터 시작합니다.

"아, 내가 살아가는 삶의 자리가 어딘가 잘못되었구나. 이게 온전하지 않구나. 세상에서 들리는 수많은 소문은 과장되었고 불완전하구나."

이 사실을 깨닫기 시작하는 것. 세상이 말하는 것을 넘어서 나에게 더 크고 견고한 소망이 필요하다는 사실을 인정하는 것. 바로 이게 성경이 말하는 믿음의 시작입니다. 이렇게 내가 좇던 소문의 자리가 과장되고 불완전하다는 사실을 알 때 우리는 비로소 예수님의 음성에 귀를 기울이기 시작합니다. 그래서 병자의 내면에 자리 잡혀 있던 잘못된 환상을 콕 찌르신 예수님은 이후 그를 향해 말씀하십니다.

"일어나서 네 자리를 걷어 가지고 걸어가거라"(요 5:8).

# 헛소문의 자리에서
# 소망의 자리로

병자를 향한 예수님의 말씀은 매우 단호합니다.

"도대체 언제까지 거기에 자리를 깔고 앉아 인생을 낭비할

것이냐? 이제 그만 그곳에서 자리를 들고 일어나라. 그리고

걸어 나가라. 네가 그토록 찾아 헤매던 소망은 그곳에 있지

않다. 내가 바로 너의 소망이다."

38년 된 병자는 예수님의 말씀을 따라 오랜 시간 자리를

깔고 앉아 있던 곳에서 일어나 걸어 나갈 때 드디어 자신의

병이 낫는 경험을 했습니다. 그리고 이 경험을 통해 병자는 진정한 소망이 어디에 있는지를 알 수 있었습니다. 그가 그토록 찾아 헤매던 소망은 바로 자신을 찾아온 예수님이었습니다! 예수님의 말씀에 순종할 때 예수님이 그 자체로 자신의 소망이라는 걸 경험한 것이죠. 물론 이 이야기를 듣고 이런 생각을 하는 분이 있을 수 있습니다.

"일단 세상에서 들리는 여러 소문이 모두 완전할 수 없고 과장되었다는 것까지는 인정하겠습니다. 하지만 예수님이 소망이라고요? 예수님이 소망이 된다는 건 도대체 뭐죠? 그걸로 정말 제 인생이 달라지나요? 도대체 어디가요? 예수님을 믿으면 병이 낫기라도 해요?"

맞습니다. 아무리 예수님이 소망이라는 말을 들어도 우리에겐 이 말이 쉽게 이해되지 않습니다. 너무 뜬구름 잡는 소리로 들리곤 합니다. 예수님이 우리의 소망이라는 말이 현실감 있게 들리지 않는 이유는 그분이 우리를 위해 어떤 일을 감당했는지 우리가 잘 모르기 때문입니다. 알아도 아주 피상적으로 알 뿐이죠. 그래서 예수님이 우리를 위해 어떤 일을 하셨는지 더욱 선명하게 알 때 우리는 예수님이 어떻게 우리의 소망이 될 수 있는지, 그분이 어떻게 우리의 소망이 되시는지 알 수 있습니다.

사람들은 모두 나를 행복하게 해줄 소망의 자리를 찾고 싶어 합니다. 지금 내가 있는 곳이 절망과 죽음의 자리라는 것을 알면서도 제 발로 그곳에 가는 사람은 없습니다. 종종 우리는 다른 사람들이 극구 말리는 자리를 제 발로 찾아갈 때가 있습니다. 그리곤 얼마 지나지 않아 후회하며 말하죠. "이럴 줄 알았으면 안 갔지!" 맞습니다. 내가 지금 가고 있는 곳이 얼마나 비참한 곳인지 속속들이 안다면 그 길을 선택할 사람은 아무도 없습니다. 그런데 예수님은 달랐습니다. 그분은 자신이 가는 자리가 절망과 죽음의 자리라는 것을 누구보다 잘 알고 계셨습니다. 그분은 자신이 가는 길의 처참함과 참담함, 그리고 잔혹함과 고통을 모두 다 알고 계셨습니다. 그래서 예수님은 제자들에게 자신이 가는 길이 죽음의 길이라고 몇 번이나 말씀하셨고 십자가에 달리기 전날에는 인생에서 가장 고통스러운 갈등의 밤을 보내십니다. 이런 예수님의 마음을 잘 드러내는 노래가 있습니다.

아, 나는 고난에 휩싸이고, 내 목숨은 스올의 문턱에 다다랐습니다. 나는 무덤으로 내려가는 사람과 다름이 없으며, 기력을 다 잃은 사람과 같이 되었습니다. 이 몸은 또한 죽은 자들 가운데 버림을 받아서, 무덤에 누워 있는 살해된 자와 같습니다. 나는 주님의 기억에서 사라진 자와 같으며, 주님의 손에서 끊어진 자와도 같습니다. 주님께서는 나를 구덩이의 밑바닥, 칠흑 같이 어두운 곳에 던져 버리셨습니다(시 88:3-6).

예수님은 구약의 모든 성경이 자신을 나타낸다고 말씀하셨습니다. 그렇다면 우리는 이 시편의 노래도 예수님을 향한 노래라는 것을 알 수 있습니다. 시편은 노래합니다. 자신이 지금 스올과 무덤의 자리에 내려와 있으며, 죽은 자들과 함께 누워 있다고요. 그리고 그 이유가 바로 하나님이 자신을 칠흑 같이 어두운 절망의 자리로 던져 버렸기 때문이라고요.

한 번쯤 사랑하는, 혹은 짝사랑하는 상대에게 차이는 아픔을 경험한 적이 있으실 겁니다. 이런 이별의 아픔을 경험할 때 우리는 이별 노래를 듣고 그 가사를 따라 부르며 나의 감정과 상황을 노래에 대입시킵니다. 그러면서 마치 내가 그 노래의 주인공이 되는 듯한 느낌을 받죠. 마찬가지입니다. 예수님은 이 시편의 노래를 부르며 노래의 주인공이 되셨습니다. 그분은 자신이 머지않아 진짜 죽음과 무덤으로 내려가고 하나님의 손에 버림받을 것이라는 걸 모두 알고 계셨습니다.

그럼에도 예수님은 기꺼이 그 자리로 가기로 결정하십니다. 바로 우리를 위해서요! 예수님은 절망의 장소에 자리를 깔고 앉아 인생을 허비하며 죽어 가는 우리를 구원하시기 위해 우리가 있어야 할 절망과 죽음의 자리로 내려오셨습니다. 그리고 우리를 향해 말씀하셨죠.

"내가 너를 대신해 절망의 자리로 내려갈 테니 이제 너는 나의 영광스러운 자리로 올라오거라. 내가 이 일을 위해 세상에 내려왔고 십자가에 달렸으며 칠흑같이 어두운 무덤과 스올로 내려갔다. 내가 너를 위해 하나님께 버림받고 외면당했다. 네가 자리를 깔고 앉아 있는 세상의 소문은 너에게 자격을 요구할 것이다. 그러나 나는 다르다. 너에게 그 어떤 자격도 요구하지 않는다. 네가 할 일은 그저 나를 신뢰하고 의지하는 것뿐이다. 그러니 네가 자리를 깔고 누워 있는 세상의 소문에서 이제 그만 일어나 나에게로 오거라."

바로 이게 예수님이 우리의 진정한 소망이라는 사실을 우리가 신뢰하고 붙잡을 수 있는 유일한 이유입니다. 2천 년 전 하나님의 아들이 저주와 절망에서 자리를 깔고 죽어 갈 수밖에 없는 우리를 구원하기 위해 직접 저주와 절망의 자리로 가셨다면 그분이야말로 우리의 진짜 소망이 되어 주시지 않을까요? 우리가 그토록 찾아 헤맸던 소망이 바로 예수님에게 있지 않을까요? 심지어 이 소망은 우리에게 자격을 요구하지 않습니다. 세상의 소망은 우리에게 끊임없이 맨 앞에 서고, 경쟁에서 살아남고, 이기고, 더 위로 올라가야지만 네가 원하는 것을 얻을 수 있을 거라고 말합니다. 하지만 예수님은 다릅니다. 그분이 우리에게 요구하시는 것은 오직 하나입니다.

"내가 너의 진짜 소망이라는 것을 인정만 하거라."

혹시 지금 극심한 무기력감과 좌절감에 빠져 있진 않습니까? 내 인생이 모두 망하고 끝난 것 같고 벼랑 끝에 서 있는 것 같나요? 그건 진실이 아닙니다. 우리의 인생은 망하지 않았습니다. 잘못된 소망을 쫓아 잘못된 것을 신뢰하고 있을 뿐입니다. 지금이라도 소망의 자리를 바꾸시길 바랍니다. 나의 믿음을 바꾸시길 바랍니다. 어떻게요? 앞서 말씀드렸듯이 예수님은 시편 88편을 노래하며 이렇게 말하셨을 겁니다.

"나는 아버지의 기억에서 사라진 자와 같으며, 그분의 손에서 끊어진 자와도 같습니다. 아버지는 나를 구덩이의 밑바닥

칠흑같이 어두운 곳에 던져 버리셨습니다."

하나님의 아들이 우리를 구원하기 위해 직접 이 노래의 주인공이 되었다면 우리는 반대로 하나님을 향해 이렇게 노래할 수 있습니다.

"나는 주님의 기억에서 결코 사라지지 않으며, 주님의 손에서 결코 끊어질 수 없습니다. 주님은 나를 반드시 구덩이의 밑바닥과 칠흑같이 어두운 곳에서 건져내어 가장 밝고 아름다운 곳으로 인도하실 것입니다."

이 노래를 더욱 묵상하고 노래하시길 바랍니다. 이게 저와 여러분의 진짜 소망의 노래입니다.

무기력을 지나는
당신을 위한 질문들

1. 최근에 '과장되고 헛된 소문'을 들은 적이 있나요? 그것을 통해 무엇을 깨달았나요?

2. 삶에서 '38년 된 병자'처럼 오랫동안 해결되지 않아 씨름 중인 문제가 있나요?

3. 예수님을 그분 자체로 나의 소망으로 받아들인다는 건 어떤 걸 까요? 예수님을 소망으로 받아들이기 어렵다면 그 이유는 무 엇인가요?

4. 예수님이 나를 위해 '절망의 자리'로 내려오셨다는 말에 대해 어떻게 생각하나요? 이 사실이 당신에게 어떤 변화를 줄 수 있 을 것 같나요?

5. "낫고 싶으냐?"는 예수님의 질문에 당신은 어떤 대답을 할 수 있을까요?

3장

# 텅 빈 인생에서

## 예수를 만나다

# 열심히는 사는데
# 죽어 있는

"아직 미생이에요. 살아 있지만 살아 있지 않은 것 같은… 열심히 하는데 뭔가 이루어지는 건 없고…."

과거 많은 사람에게 공감과 인기를 얻은 드라마 〈미생〉에서 나온 대사입니다. 드라마 속에서 주인공인 장그래는 프로 바둑 선수라는 꿈을 좇다가 결국 그 꿈을 이루지 못한 채 한 기업의 계약직 사원으로 일하게 됩니다. 간절히 원했던 꿈을 이루는 데 실패한 채 평범한 일상을 살아가는 지극히 평범한 한 사람의 이야기. 혹시 내 삶과 비슷하다는 생각이 들지는 않나요?

어릴 적 제게도 여러 꿈이 있었습니다. 잠시지만 운동선수를 꿈꾸기도 했고요. 생뚱맞지만 가수를 꿈꾸기도 했으며, 원하는 대학교에 입학해 즐거운 캠퍼스 생활을 꿈꿔 본 적도 있습니다. 하지만 세상에서 과연 자신이 원하는 꿈을 이룰 수 있는 사람이 얼마나 될까요? 저도 마찬가지였습니다. 슬럼프를 이기지 못한 채 운동선수의 꿈을 접어야 했고, 가수는 애당초 재능 따윈 없었으며, 원하는 대학에 떨어져 재수를 했습니다. 목회의 길을 가기로 결정한 이후에도 가고 싶었던 교회에 지원했다가 서류조차 통과하지 못하고 거절당한 적이 한두 번이 아닙니다.

여러분은 어떤가요? 지금 있는 자리가 내가 꿈꾸고 계획했던 그 자리인가요? 물론 그런 분들도 있겠지만, 그렇지 않은 분이 더 많을 겁니다. 자신이 원하는 꿈을 매번 척척 이루어 내는 사람은 많지 않습니다. 실제로 세상에서 대단한 성공을 이루었다는 사람들도 수많은 실패를 경험했고, 때로는 차선책을 선택해야 했으며, 우여곡절 끝에 지금의 자리에 올 수 있었다는 말을 하곤 합니다.

드라마는 이런 우리의 인생을 두고 '미생'이라고 말합니다. '미생'이란 바둑 용어로 '아직 살아 있지 않은 돌'을 의미합니다. 그동안 열심히 살아왔는데도 정작 제대로 이룬 것 하나 없어 보이는, 방황하는 사람들의 모습을 비유적으로 표현한 것이죠.

국민일보는 미국의 한 여론조사 기관 통계를 인용하며 "삶의 의미 고민 많은 한국인…"이란 제목의 기사를 보도했습니다(2024. 06. 19.). 기사에서 인용한 통계에 따르면 한국인 중 89%가 삶의 의미와 목적에 대해 매우 진지하게 고민하고 있다고 합니다. 이는 같은 아시아권 국가 중에서도 가장 높은 비율입니다. 저는 이런 조사 결과가 별로 이상하다고 생각하지 않습니다. 저를 비롯해 우리는 대부분 어릴 때부터 삶의 의미나 목적에 대한 이야기를 딱히 들어 본 적이 없거든요. 한국 사회에서 대다수는 주변에서 수없이 들리는 어떤 목표만을 바라보며 달려갑니다. 제일 먼저 우리에게 들리는 목표는 '좋은 대학만 가면'입니다.

"좋은 대학만 가면 네가 하고 싶은 거 다 하면서 살 수 있어. 그런 건 대학 가서 해. 그때 해도 늦지 않아. 대학만 가면 모든 게 다 해결 돼."

어떻습니까? 아마도 이런 말이 그리 낯설지 않을 겁니다.

그렇게 지금 이 순간에도 수많은 한국 청소년들이 주변에서 들리는 목표를 좇아 대학 진학이 인생의 전부인 것처럼 살아갑니다.

그런데 대학에 입학한 후부터 우리를 향한 메시지는 다시 새롭게 바뀌기 시작합니다. 바로 "취업만 잘하면"입니다. "안정적인 직장에만 들어가면 고생 끝이야. 그러니까 지금은 다른 생각하지 말고 취업 준비에만 집중해"라는 말이 새롭게 들려옵니다. 그래서 겨우 입시라는 관문을 넘은 청년들은 쉴 틈도 없이 인생의 새로운 과제, 취업을 향해 달려갑니다. 어떤 이들은 공무원 준비를 위해 고시원으로 가고, 또 어떤 이들은 자격증과 더 많은 스펙을 쌓기 위해 학원으로 갑니다. 그렇게 열심히 노력해서 직장에 들어가면 이제 좀 살만해질까요? 아니요. 직장 생활을 하고 있는 분들은 아마 잘 알 겁니다. 직장 안에서 우리는 새로운 환경에 적응하기 위해 또 다시 정신없는 시간을 보내야만 한다는 것을요. 그렇게 정신없는 시간을 보내고 난 후 이제 어느 정도 회사에 적응하면 행복해질까요? 아니요. 회사 생활이 익숙해지고 업무가 손에 익었다고 해서 삶이 더 풍부해지고 의미가 선명해지는 건 아닙니다. 오히려 인생의 안정기에 접어들었다고 생각할 때 우리는 정작 그것만으로는 채워지지 않는 삶의 한 구석, 텅 빈 권태와 공허감을 경험하기 시작합니다.

"이제 이거면 된 걸까? 이렇게 평생을 살아가면 되는 걸까? 이런 삶을 살기 위해 내가 지금까지 쉼 없이 달려온 걸까? 다른 사람들도 다 이렇게 사는 거겠지? 그래도 이만하면 괜찮잖아."

그렇게 사람들은 '지금 나 정도면 괜찮다'고 스스로에게 말하지만 인생의 안정기에 찾아오는 권태는 우리를 더욱 힘들게 합니다. 그래서 사람들은 권태에서 벗어나기 위해 또 다른 목표를 세웁니다. 승진과 성과, 연봉 인상과 이직이라는 새로운 의미와 목표를 세우고 또다시 열심히 달리는 것이죠. 하지만 시간이 지나면 지날수록 우리는 그런 노력들에서 활력이나 보람을 얻기보다 오히려 나를 쥐어짜 내는 것만 같은 경쟁과 압박, 피로함을 더 많이 경험할 뿐입니다.

누군가는 이런 일상의 헛헛함과 권태로움, 압박과 부담감에서 벗어나기 위해 새로운 일탈을 꿈꾸기도 합니다. 일탈이라고 해서 꼭 대단하거나 자극적인 것을 말하는 건 아닙니다. 어떤 이들은 인터넷 쇼핑을 기웃거리며 소비라는 일탈을 꿈꾸고, 어떤 이들은 여가와 취미생활이라는 일탈을 꿈꾸며,

어떤 이는 일상에서 훌쩍 떠나는 여행의 일탈을 꿈꾸곤 합니다. 때로 종교가 있는 사람들은 종교적인 활동을 통해 인생의 권태로움을 이기려고 애쓰기도 하죠.

가슴 벅참과 기대감으로 하루를 시작한 게 언제인지 기억 하시나요? 한 번쯤은 그런 설렘으로 하루를 시작한 적이 있을 겁니다. 그렇다면 지금은 어떤가요? 매일 반복되는 일상 속에서 여전히 기대감으로 하루를 시작하나요? 아니면 언젠가부터 그저 생존을 위해, 죽지 못해 아침을 맞이하고 있진 않나요? 하루를 마칠 때는 어떤가요? 오늘 하루도 잘 살아 냈다는 만족과 뿌듯함으로 하루를 마무리할 때가 많은가요, 아니면 온종일 정신없이 살았는데도 불구하고 '이게 정말 살아 있는 걸까?'라는 미생의 대사와 같은 헛헛함으로 마무리하고 있나요?

# 내 인생의
# 전문가는 나야!

누가복음 5장 1-11절에는 하루를 치열하게 살았지만 정작 아무것도 남은 게 없이 텅 빈 모습으로 하루를 마무리하는 한 사람이 등장합니다. 바로 어부 베드로입니다. 성경은 누가복음 5장 2절에서 한 무리의 어부가 그물을 씻고 있었다고 말하는데요. 당시 어부들은 고기를 잡기 위해 한밤중에 바다로 나가 열심히 그물을 던지다가 해가 떠오르는 새벽이 될 때면 일을 마치고 육지로 돌아오곤 했습니다. 그렇게 고된 일과를 마친 어부들이 마지막으로 하는 일은 그물을 씻고 정리하는 거였습니다. 그런데 성경을 보면 어부들의 모습이 그렇게 만족스럽거나 기뻐 보이지 않습니다. 왜냐하면 이들은 온종일 바다에 나가 찬 바람을 맞으며 고생했지만 그 어떤 수확도 얻지 못한 채 허탕을 친 상태였거든요.

하루 온종일 고생했는데도 아무런 수확 없이 빈손으로 돌아와 그물을 정리하고 있을 어부들의 얼굴을 한번 상상해 보세요. 오늘 하루를 열심히 아등바등 살았지만 무엇 하나 남는 게 없는 것 같은 현실 속에서 무표정한 얼굴로 핸드폰이나 만지작거리고 있는 우리의 모습과 비슷하지 않나요? 실제로 우리는 취업을 하고 돈을 벌어도 정작 내 손엔 아무것도 남은 게 없는 것처럼 느껴질 때가 있습니다. 아무리 열심히 돈을 모아도 내가 모은 돈보다 더 빨리 오르는 집값을 마주할 때면 빈손인 것 같은 느낌을 받고요, 태어날 때부터 좋은 환경을 가진 사람들이 인생을 쉽게 살아가는 것처럼 보일 때 '이렇게 노력해서 뭐 하나?' 하는 박탈감에 빠집니다. 때로는 도저히 미래가 그려지지 않는 막막한 현실 속에서 '아무리 노력하고 열심히 살아도 나는 무엇 하나 이룰 수 있는 게 없구나'라는 허무감에 빠지기도 하죠.

오늘날 왜 수많은 젊은 세대가 연애를 포기하고, 결혼과 출산을 포기하며, 때로는 삶의 포기해서는 안 될 부분까지 포기할까요? 복합적인 이유가 있겠지만, 그 이유 중 하나는 더

는 뭔가를 꿈꿀 수 없다고 생각하기 때문 아닐까요? 내 손에
뭐라도 있어야 연애도 하고, 결혼도 하고, 아이도 낳으며 미
래를 꿈꾸는데 지금도 빈손이고, 앞으로도 잘될 거라는 기약
이 없습니다. 열심히 산다고 해서 과연 현실이 달라질 수 있
을까에 대한 불안함과 막막함이 인생 자체가 텅 비어 있는 것
처럼 느껴지게 하는 것이죠. 마치 하루 종일 열심히 일했지만
고기 한 마리 잡지 못한 채 빈손으로 그물을 씻고 있던 성경
속 어부들처럼 말입니다. 이 모습을 상상하며 베드로의 말을
다시 한번 볼까요?

　"선생님, 우리가 밤새도록 애를 썼으나, 아무것도 잡지 못했
　습니다…"(눅 5:5).

　예수님은 하루 종일 열심히 일했지만 무엇 하나 손에 쥐
지 못한 채 복잡한 마음으로 하루를 정리하고 있던 베드로
를 찾아가 배를 빌릴 수 있냐고 물으십니다. 어차피 하루 종
일 허탕 치고 딱히 바쁠 것도 없겠다, 사람들이 선생님이라고
부르는 예수님의 부탁이기도 하겠다, 베드로는 큰 망설임 없
이 자신의 배를 예수님께 빌려드립니다. 그리고 예수님은 베
드로의 배 위에 올라 사람들을 계속 가르치시죠. 그렇게 어느

정도 시간이 지나고 말씀을 다 마친 후에 예수님은 갑자기 배 위에 있던 베드로를 향해 말씀하십니다.

"깊은 데로 나가, 그물을 내려서, 고기를 잡아라"(눅 5:4).

이 예수님의 말씀은 어부인 베드로가 볼 때 두 가지 의미로 매우 황당한 말이었습니다. 당시에 왜 어부들이 굳이 밤에 고기를 잡으러 나갔을까요? 당연히 뜨거운 한낮에는 고기가 잘 잡히지 않았으니까요. 그런데 예수님은 한낮에 다시 고기를 잡으러 바다로 나가라고 말씀하십니다. 두 번째로 베드로는 이미 그물을 다 씻고 정비까지 마친 상태였습니다. 일과를 마무리한 것이죠. 그런데 예수님은 오랜 시간에 걸쳐 수고롭게 정리한 그물을 다시 내리라고 말씀하십니다. 예수님의 행동을 굳이 비유로 이야기하자면 식당 주인이 종일 고된 장사를 다 마치고 모든 식기와 식재료를 정리하고 청소까지 끝낸 후에 문을 닫으려 하는데 한 손님이 찾아와 메인 요리를 해달라고 부탁하는 것과 같았습니다. 그것도 자신이 알려 준 레시피에 따라 요리를 해달라고 요구하면서요! 예수님의 말씀이 베드로의 입장에서 얼마나 황당하고 불편한 요구인지 알겠습니까? 심지어 베드로에게 이런 명령을 내리고 있는 예수님은 낚시를 해본 적도 없는 목수 출신이었습니다. 아무리 많은 사람이 선생님이라고 부르며 따르지만 정작 어부로서는 그 어떤 경험도 없는 목수가 이런 명령을 내린다면 여러분은 어떻게 반응할까요? 어쩌면 이럴지 모르겠습니다.

"예수님, 당신이 아무리 훌륭한 선생일지 몰라도 이건 다른 문제입니다. 이 일을 안 해보셔서 그러시나 본데 지금은 물고기가 잡힐 때가 아닙니다. 다른 건 몰라도 이건 제가 전문가예요. 그러니 가만히 계세요."

실제로 오늘날 사람들은 하나님을 이런 식으로 대할 때가 꽤 많습니다. 물론 직접적으로 하나님을 향해 "잘 모르면 가만히 좀 계세요"라고 말하진 않겠지요. 그런데 우리는 하나님이 내 간절한 기도와 소원을 들어주시지 않을 때 단순히 실망하는 걸 넘어 분노하고 화를 냅니다. 내 수고와 열심에 따른 보상이 없으면 상처받습니다. 그에 따른 보상을 받는 것이 마땅하다고 생각합니다. 왜 그럴까요? 왜 우리는 하나님이 세상의 주인이시고 모든 걸 다스리신다는 말을 들으면서 마치 내 모든 권리를 송두리째 빼앗겼다고 생각하는 걸까요? 이유는 간단합니다. 내가 하나님보다 내 인생을 더 잘 안다고 생각하니까요. 내가 내 인생의 전문가라고 생각하기에 우리는 하나님의 말씀을 부당하다고 느낍니다. 지금 상황이 내 생각과 맞지 않으면 하나님을 향해 "당신이 틀렸어요"라고 말합니다. 그렇지 않나요?

하지만 과연 내가 하나님보다 나와 세상을 더 잘 안다고 확신할 수 있나요? 우리가 하나님을 향해 "당신이 세상을 창조하고 이 모든 것들을 놀라운 섭리와 뜻 가운데 이끌어 가고 있을지 모르지만 그럼에도 내 인생은 내가 더 잘 압니다. 내 인생의 전문가는 나예요. 그러니 내 인생은 내가 생각하고 계획한 대로 되어야만 해요"라고 말할 수 있을까요?

옥스퍼드대학교의 교수이자 뛰어난 문학 작가였던 C.S. 루이스(C.S. Lewis)는 소설 《나니아 연대기》에서 세계 나니아를 다스리는 왕으로 사자 아슬란을 그립니다. 소설 속 비버 아저씨(진짜 동물 비버입니다)는 이 아슬란을 향해 "그는 길들여지지 않는 사자야"라고 말합니다. 사실 아슬란은 하나님을 묘사합니다. 즉 "길들여지지 않는 사자"는 하나님에 대한 C.S. 루이스의 묘사였습니다. 그는 하나님이라는 존재가 있다면 그분은 결코 우리에게 길들여질 수 없는 분이라는 걸 말하고 싶었던 것입니다.

세상의 모든 걸 창조하신 하나님이 계시다면 그분은 결코 우리에게 길들여지실 수 없습니다. 하나님은 결코 내가 생각하고 원하는 대로 움직이지 않으십니다. 우리는 하나님을 그런 식으로 조종할 수 없습니다. 동시에 하나님이 정말 존재한다면 그분의 계획과 뜻은 내 생각과 같을 수 없습니다. 내 생각보다 훨씬 더 크고 놀랍죠!

바로 이게 예수님이 베드로를 향해 "깊은 곳에 가서 그물을 내리거라"라고 말씀하신 이유였습니다. 예수님은 베드로에게 이렇게 말씀하신 것입니다.

"나는 네가 그동안 살아온 삶의 방식을 뛰어넘어 얼마든지 네가 생각하지 못한 방식으로 일할 수 있다. 나는 네 경험과 생각과 계획에 얽매이지 않는다. 너는 이런 나를 믿을 수 있겠느냐?"

그리고 베드로는 상식적으론 말도 안 되는 예수님의 요구에 대답합니다.

"선생님의 말씀을 따라 그물을 내리겠습니다"(눅 5:5).

# 무엇이 우리를
# 순종하게 하는가

도대체 베드로는 어떻게 예수님을 이렇게 신뢰할 수 있었을까요? '이분이 무슨 말을 하는지 정확히는 모르겠지만 뭔가 느낌이 좋아. 일단 믿으면 좋은 일이 생길 거 같아'라고 생각한 걸까요? 아니면 '지금 이분의 말을 듣지 않으면 사람들에게 비난을 받을 수도 있을 거야. 그러니 너무 귀찮고 하기 싫지만 그냥 하고 보자'라고 생각한 걸까요? 둘 다 아닙니다.

베드로는 전부터 조금씩 예수님을 만나고 경험한 적이 있었고 예수님에 대해 알고 있었습니다. 요한복음은 베드로가 형제 안드레를 통해 이미 예수님을 소개받은 적이 있다는 사실을 알려 줍니다. 그리고 오늘 예수님과 베드로의 만남이 있기 전 누가복음 4장에서 예수님은 베드로의 집에 찾아가 그의 장모님 병을 고쳐 주십니다. 이처럼 베드로와 예수님의 만남은 이번이 처음이 아니었습니다. 베드로는 이전부터 예수님을 경험하며 그분을 알아 가고 있었고, 이 과정 속에서 예수님에 대한 신뢰가 조금씩 쌓이고 있었습니다. 그리고 이런 경험과 신뢰를 바탕으로 베드로는 생각합니다.

'이분은 지금껏 내가 보고 들어온 다른 선생님들과 달라. 지금 예수님이 내게 요구하시는 것은 어부로서 볼 때는 너무 무모하고 번거로운 일이지만 그래도 지금까지 내가 경험한 예수님이라면 이렇게 말씀하시는 데엔 뭔가 이유가 있을 거야. 적어도 이분은 아무 의미도 없이 터무니없는 말씀은 하지 않으시는 분이야.'

성경이 말하는 순종은 마지못해 억지로 하거나, 벌을 받지는 않을까 하는 두려움에 하는 것이 아닙니다. 성경이 말하는 순종은 하나님을 알아 가는 만큼 그분을 신뢰하는 것입니다. 그렇다고 오해하지는 마세요. 우리가 하나님을 완전히 이해하고 납득해야 신뢰할 수 있다는 말이 아닙니다. 하지만 하나님을 올바로 알지 못하면 우리는 그분의 말씀에 진정으로 순종할 수 없습니다. 이를 잘 보여 주는 성경의 인물이 바로 아브라함입니다.

하나님은 아브라함의 인생 말년에 찾아와 그의 유일한 아들인 이삭을 제물로 바치라고 명령하십니다. 심지어 하나님은 너무나 잔인하고, 부당하며, 도저히 이해할 수 없는 명령을 내리며 어떤 설명도 하지 않으십니다. 그런데 아브라함은 이런 터무니없는 하나님의 말씀에 순종합니다. 그렇다고 아브라함이 아무 고민도 이유도 없이 덮어놓고 순종한 건 아니었습니다. 하나님께 순종하지 않으면 더욱 큰 저주가 내릴지 모른다는 두려움에 억지로 순종한 것도 아니었습니다. 히브리서는 아브라함이 말도 안 되어 보이는 하나님의 명령에 순종한 이유를 두고 이렇게 말합니다.

하나님께서는 이삭을 죽은 사람들 가운데서도 되살리실 수 있다고 아브라함은 생각했던 것입니다…(히 11:19).

아브라함이 말도 안 되는 말씀에 순종할 수 있었던 이유는 그가 오랜 시간 하나님을 경험하며 하나님이 어떤 분인지를 깊이 알았기 때문입니다. 아브라함은 은혜와 사랑의 하나님을 알고 있었고, 이 하나님을 향한 신뢰가 있었습니다. 이런 신뢰가 있었기 때문에 도무지 이해할 수 없는 명령 앞에서도 그는 '하나님에게는 내가 알지 못하는 선한 뜻과 길이 있다'고 믿을 수 있었습니다. 그리고 이 신뢰를 바탕으로 아브라함은 놀라운 순종을 결단합니다.

베드로가 어부로서는 터무니없어 보이는 예수님의 말씀에 순종했던 이유도 마찬가지입니다. 베드로는 예수님을 경험하며 그분에 대해 조금씩 알아 가고 있었고 이 가운데 예수님은 그동안 자신이 보아온 종교 지도자들과는 다른 분이라는 사실을 깨닫기 시작했습니다. 이게 예수님을 향한 베드로의 이해였습니다.

만약 우리가 하나님에 대해 아무것도 알지 못한 채 그냥 믿는다면 우리는 진정으로 하나님을 믿는다고 할 수 없습니다. 내가 믿는 하나님이 '진짜 하나님'인지, '내가 만들어 낸 하나님'인지 혹은 '누군가에 의해 각색된 하나님'인지 알 수 없을 테니까요. 순종도 마찬가지입니다. 아무것도 모르고 그냥 하는 순종은 그것이 '객기'인지 '무모함'인지 '진실한 순종'인지 구별할 방법이 없습니다. 그래서 성경은 '아무것도 몰라도 일단은 그냥 믿고 순종하기만 하면 된다'라고 말하지 않습니다. 성경이 말하는 순종은 하나님을 향해 우리가 올바른 반응을 보이는 것입니다. 하나님을 바로 알고, 그분을 향한 신뢰가 쌓이며, 이를 바탕으로 때로는 놀라운 인생의 결단을 내리는 것. 순종은 여기서 나옵니다.

예수님은 자신에 대해 아무것도 모르는 베드로를 향해 갑자기 말도 안 되는 요구를 하신 게 아니었습니다. 예수님은 그동안 베드로를 찾아가 자신이 누구인지를 조금씩 보여 주고 알려 주며 그분을 경험하게 하셨습니다. 그리고 이를 바탕으로 예수님을 향한 신뢰의 결단을 요구하셨습니다.

우리는 저마다의 신앙의 정도를 갖고 있습니다. 신앙생활을 오래 한 사람도 있고, 이제 막 믿기 시작한 사람도 있으며, 비록 신앙생활은 하지 않지만 예수님과 기독교가 궁금해 성경이나 기독교 서적을 탐독하는 사람도 있겠지요. 지금 내가 처한 자리가 어디건 꼭 한 가지를 부탁하고 싶습니다. 하나님을 더욱 알아 가시길 바랍니다. 교회의 예배와 설교를 통해, 공동체 나눔을 통해, 여러 유익한 신앙 서적을 통해 하나님을 더 깊이 알아 가기를 바랍니다.

무엇보다 성경을 통해 하나님을 알아 가는 것을 가장 추천합니다. 성경만큼 하나님이 우리에게 얼마나 자신을 알려 주기 원하시는지 잘 나타내는 건 없습니다. 하나님은 기꺼이 자신을 알려 주기 원하셔서 인간의 역사 속에 찾아와 자신을 드러내셨습니다. 성경은 이렇게 역사 속에 나타난 하나님의 이야기를 담은 책입니다. 그러니 성경을 통해 우리는 가장 정확하게 하나님을 알아 갈 수 있습니다. 하나님을 향한 믿음은 결코 시간이 지난다고 해서 저절로 자라지 않습니다. 하나님은 우리를 인격적으로 존중하시기에 우리가 하나님을 알아 가는 만큼 그분을 경험하게 하시고 믿음을 자라 가게 하십니다. 하나님을 알아 갈수록 우리는 그분을 더욱 신뢰하기 시작합니다.

오늘날 많은 사람이 하나님을 믿는 것을 강압적이고, 부담스러우며, 억압적으로 생각하는 이유는 하나님을 잘 알지 못하기 때문입니다. 하지만 하나님께 순종한 수많은 신앙인은 하나님을 억지로 따르거나 믿지 않았습니다. 물론 그들도 하나님을 다 이해할 순 없었지만, 그럼에도 그들은 하나님께 기꺼이 순종하고 삶의 결단을 내렸습니다. 어떻게 이럴 수 있었을까요? 가장 큰 이유는 그들이 하나님을 끊임없이 알아 갔고 그 속에서 하나님을 향한 신뢰가 더욱 깊어졌기 때문입니다. 바로 이게 베드로가 예수님의 말씀을 따라 다시 바다로 나갈 수 있었던 이유였습니다.

베드로는 그동안의 경험과 앎을 바탕으로 예수님을 신뢰해 보기로 결단했고 평생 한 번도 하지 않았을 행동을 합니다. 아무도 고기를 잡지 않는 대낮에 깊은 바다로 나가 애써 정리가 끝난 그물을 다시 내리기로 한 것이죠.

"그래, 내가 그동안 보고 알아 온 예수님이라면 분명 어떤 뜻이 있을 거야."

# 내 힘으로 채우던
# 그물을 버리고

예수님의 말씀을 따라 깊은 바다로 나가 그물을 내리자 베드로는 이전까지 자기 경험과 방식으로 살았을 때는 한 번도 해보지 못했던 놀라운 경험을 합니다. 주변 동료들의 도움 없이는 도저히 그물을 들 수 없을 정도로 배를 가득 채우고도 남을 고기를 잡은 것이죠. 예수님의 말씀에 순종했더니 갑자기 통장에 평생 한 번도 구경하지 못했던 금액의 돈이 찍힌 겁니다. 와, 그렇다면 이 이야기는 하나님의 말씀을 믿고 순종하면 우리가 그토록 꿈꾸던 인생 역전의 신화를 이룰 수 있다는 의미일까요?

만약 이 이야기가 종종 사람들이 이해하는 것처럼 "하나님의 말씀에 순종하고 따르면 복을 받는다"라는 메시지라면 이후 베드로의 행동은 이해가 가지 않습니다. 오늘날로 치면 베드로는 투자에서 대박을 터트렸습니다. 이제 베드로는 이 물고기를 팔아서 얼마의 재산을 저축하고, 그것을 재투자하며, 어떻게 효율적으로 사용할지를 고민해도 됩니다. 그런데 베드로는 그러지 않았습니다. 베드로는 자신이 거둔 엄청난 수확에 함박웃음을 지으며 떵떵거리지도 않았습니다. 이전까지 한 번도 경험하지 못한 수확에도 불구하고 베드로의 반응은 기쁨이나 환희보다 오히려 두려움과 떨림이었습니다. 급기야 베드로는 예수님께 엎드리며 고백합니다.

시몬 베드로가 이것을 보고, 예수의 무릎 앞에 엎드려서 말하였다. "주님, 나에게서 떠나 주십시오. 나는 죄인입니다" (눅 5:8).

여러분은 베드로의 모습이 이해가 되나요? 놀라운 결과를 얻어 놓고는 이런 결과를 주신 분을 찾아가 하는 말이 "저는 죄인입니다. 저를 떠나소서"라니요. 왜 베드로는 이런 고백을 했을까요?

이유는 생각보다 간단합니다. 예수님을 향한 베드로의 이해가 이전과는 비교할 수 없을 만큼 달라졌기 때문입니다. 이전까지 베드로는 예수님에 대해 조금씩 알아 갔지만 그럼에도 여전히 그에게 예수님은 '특별한 교사' 정도에 불과했습니다. 그런데 이런 베드로가 처음으로 예수님이 그 이상의 존재라는 걸 깨닫기 시작합니다. 성경에서 하나님을 만난 사람들에게 나타나는 공통적인 모습은 하나님을 향한 경이로움과 함께 두려움과 떨림을 경험했다는 것입니다. 사실 이건 그렇게 이상한 모습이 아닙니다.

우리는 종종 살면서 모든 면에서 너무나 뛰어나고 완벽에 가까운 사람들을 만날 때가 있습니다. 예를 들어 만약 제가 차은우를 만났다고 해 보죠. 당연히 저는 차은우의 얼굴을 보면서 놀라고 감탄할 겁니다. "세상에 저렇게 잘생긴 사람이 있다니!" 그런데 그다음에 자연스레 거울에 비친 오징어가 한 마리 보이기 시작할 겁니다. 굳이 비교하려 하지 않아도 너무나 조각 같은 완벽한 얼굴을 만났을 때 그동안 보지 못했던 내 실체가 보이기 시작하는 것이죠. 외모가 뛰어난 사람을 만나도 이런데 온 우주에서 가장 완벽하고 거룩하며 그 어떤 흠도 없는 하나님을 만난다면요? 이런 완벽한 하나님을 보면서 '내가 조금만 더 노력하면, 이 정도만 더 보완하면 하나님을 충분히 만족시킬 수 있겠구나'라고 생각할 수 있을까요? 아니요. 이건 마치 제가 차은우를 보면서 '오케이! 조금만 더 피부 관리하고 노력하면 나도 차은우 정도는 될 수 있겠는데?'라고 생각하는 것보다 훨씬 더 말도 안 되는 일입니다!

이게 오늘 베드로가 예수님을 향해 "저는 죄인입니다. 저를 떠나소서"라고 고백한 이유입니다. 베드로는 예수님이 단순히 좋고 특별한 선생이나 교사와는 다른 그 이상의 존재라는 걸 깨닫기 시작했습니다. 베드로는 예수님을 통해 완벽한 하나님의 모습을 보았습니다. 그리고 이 완벽한 예수님 앞에서 그는 자신의 연약함과 부족함을 보기 시작했습니다. 이제껏 한 번도 알지 못하고, 인식하지 못했던 자신의 모습을 더욱 깊게 바라보기 시작한 것이죠. 바로 이게 베드로에게 일어난 일이었습니다.

그런데 베드로의 새로운 자기 인식은 여기서 끝나지 않습니다. 베드로는 예수님을 통해 또 다른 사실을 발견하기 시작합니다. 그건 바로 거룩하고 완전하신 예수님이 연약하고 못나며 보잘것없는 죄인인 자신을 찾아와 제자로 부르고 있다는 사실이었습니다. 이 사실은 베드로에게 이전까지는 없었던 완전히 새로운 자기 정체성을 갖게 했습니다. 적어도 이전까지 베드로의 삶을 결정하는 중요한 가치는 어부라는 직업에서 오는 성취였습니다. 어부로서 물고기를 많이 잡을 때야 말로 어깨가 으쓱하며 존재 가치도 함께 올라갔던 것이죠. 반대로 어부로서 물고기를 잘 잡지 못할 때면 자신의 삶을 한탄하며 실패한 인생처럼 여기곤 했습니다. 이렇게 자신의 정체성을 어부라는 직업과 거기서 오는 성취에서 찾으려 할 때 베드로의 삶은 그날의 성과와 얼마를 벌었느냐에 따라 위, 아래로 흔들리며 끊임없이 불안정했습니다. 그리고 이런 삶은 베드로에게 아무리 열심히 살아도 정작 자기 손에 남는 게 하나도 없는 것 같은 텅 빈 그물과 같은 허망함만을 안겨다 주었습니다. 예수님은 이런 베드로를 찾아와 말씀하십니다.

"그동안 네가 살아온 삶의 방식과 성취로는 결코 네 인생이라는 그물을 가득 채울 수 없다. 직업에서 오는 성취는 너의 삶에 영원한 활력과 만족, 기쁨을 주기에 불완전하다. 너는 고작 더 많은 고기를 잡고 더 많은 돈을 벌기 위해 살아가는 존재가 아니다. 너에겐 네가 생각하는 것보다 훨씬 더 크고 놀라운 삶의 의미와 가치가 있다. 나를 따라오너라. 내가 너에게 그 삶을 주겠다."

개인의 성취만을 위해 살아가는 삶은 결국 공허하고 쉽게 흔들립니다. 오늘날 그 어느 때보다 경쟁이 치열한 세상에서는 어떤 성취 하나를 이루기도 대단히 힘들 뿐 아니라, 하나의 성취를 이루었다고 해서 끝나지도 않습니다. 하나의 성취를 이루면 우리를 기다리고 있는 건 이전보다 더 치열한 경쟁과 다음 성과를 향한 기대입니다. 이런 삶은 필연적으로 우리에게 엄청난 스트레스와 압박감, 그리고 조금만 실수하면 인생의 낙오자와 실패자가 될 수 있다는 두려움에 시달리게 합니다. 그러다 보니 우리는 시소처럼 끊임없이 위, 아래로 삶이 흔들리는 경험을 합니다. 그리고 이런 삶이 반복되다 보면 어느새 '나는 도대체 무엇을 위해 이렇게까지 살고 있는 거지?'라는 삶에 대한 회의감과 막막한 벽을 느끼곤 합니다. 바로 이게 우리 인생에 찾아오신 예수님이 그동안 우리가 살았던 것과 완전히 다른 방식으로 삶을 살아갈 것을 요구하시는 이유입니다.

그동안 베드로가 살아왔던 삶의 방식과 가치로는 베드로 내면의 텅 빈 그물은 결코 채워질 수 없었습니다. 마찬가지로 오직 내 만족과 이익과 가치가 가장 중요하다는 자기중심적인 세상의 방식으로는 우리 인생의 텅 빈 내면을 채울 수 없습니다. 그 무엇으로도 채워지지 않을 것만 같은 우리의 텅빈 내면. 그곳을 가득 메우기 위해서는 자기중심적인 삶의 방식을 바꾸어야만 합니다. 이때 예수님은 우리에게 삶의 방식을 바꾸라고 일방적으로 강요하시지 않습니다. "내 말대로 그냥 이렇게 살면 된다!"라고 명령한다고 해서 우리의 삶이 진정으로 바뀌지 않기 때문입니다. 우리의 삶이 진정으로 바뀌기 위해서는 나 자신에 대한 인식이 바뀌어야 합니다.

만약 당신이 평소 직장 동료와 상사에게 구박받고 욕을 먹으며 회사를 다니던 무능한 직원인데, 하루는 누군가가 찾아와 "당신은 사실 이 회사 회장님의 자녀입니다. 이제부터 당신은 회사를 물려받을 다음 대표로 후계자 수업을 받게 될 것입니다. 지금부터 모든 것은 앞으로 이 회사를 물려받을 자녀로서의 과정입니다"라고 말했다고 해 볼까요? (물론 말도 안 되는 일이지만 그냥 상상이라도 잠시 해 봅시다.) 이때 자신이 후계자라는 사실을 알았다고 해서 이 사람의 업무 능률과 감각이 갑자기 바뀌진 않을 겁니다. 하지만 내가 회사를 물려받을 후계자라는 사실을 안 순간부터 이 사람이 회사를 다니고 일을 대하는 방식은 완전히 달라지기 시작할 겁니다. 왜요? 나라는 존재에 대한 인식이 완전히 달라졌으니까요. 이처럼 겉모양만 바뀌는 것이 아니라 더 깊은 내면에서부터 삶이 바뀌기 위해서는 나라는 존재에 대한 인식이 바뀌어야 합니다.

그래서 예수님은 우리에게 찾아오실 때 가장 먼저 나 자신을 새롭게 바라볼 것을 요구하십니다. 예수님은 비록 나는 여전히 부족하고 연약한 죄인일지 몰라도 '하나님이 이런 나도 기꺼이 사랑했고, 이런 나를 그분의 자녀로 불렀다'는 놀라운 사실을 알려 주신 것입니다. 이렇게 하나님의 은혜와 사랑 속에서 자신의 존재를 완전히 새롭게 바라볼 때 우리는 오직 나의 노력과 열심으로 인생이라는 텅 빈 그물을 채워야 하는 삶에서 벗어나기 시작합니다. 그렇다고 '이제 아무것도 하지 말고 게으르게 살아도 된다'는 말이 아닙니다. 오히려 예수님이 우리에게 주시는 삶은 결핍이 원동력이 되는 삶이 아니라 내 존재 자체로 창조주 하나님께 완전히 인정받고 사랑받았다는 충만함과 만족을 원동력으로 살아가는 삶입니다.

이러한 삶은 자연스럽게 다른 사람을 사랑하며 섬기는 삶으로 흘러나옵니다. 오직 나의 결핍을 채우기 위해 살아가는 사람은 결코 다른 사람을 위해 살아갈 수 없습니다. 물론 여전히 사람들과 어울리며 적당히 양보도 하고, 누군가를 돕고 살아갈 순 있습니다. 그럼에도 삶의 동기가 자신의 결핍에서 나온다면 결국 그 모든 행위는 자신의 결핍을 채우기 위한 하나의 수단에 불과할 것입니다. 그래서 사람들은 자신의 이익이 걸린 중요한 순간에, 내가 심한 피해를 감수해야 할 때면 결국 자신을 위한 선택을 합니다. 하지만 우리가 결핍이 아니라 가득 차고 넘치는 충만함을 가지고 살아간다면요? 이런 사람은 기꺼이 다른 사람을 위해서 살아갈 뿐 아니라 이 일을 부당하게 생각하지 않습니다. 왜냐하면 나는 그저 내 안에 차고 넘치는 것을 흘려보낼 뿐이니까요.

이 말이 오늘날 치열하고 각박한 세상에서 얼마나 터무니없고 미련한 말처럼 들리는지 잘 압니다. 아마 그동안 자신이 살아왔던 방식과는 완전히 다른 방식으로 바다에 나가 그물을 던질 것을 요구하시는 예수님의 말을 들었던 베드로 또한 그랬을 겁니다. 하지만 그럼에도 베드로는 예수님을 신뢰하며 대답합니다.

"선생님의 말씀을 따라 그렇게 해 보겠습니다."

# 텅 빈 인생이
# 채워지다

그렇게 예수님을 신뢰하며 그분의 말씀을 따를 때 베드로는 이전에 없었던 경험을 할 수 있었습니다. 그리고 이런 베드로를 향해 예수님은 "나를 따르거라. 앞으로 너는 사람을 낚는 어부가 될 것이다"라고 말씀하십니다. 여기엔 이런 뜻이 담겨 있었습니다.

"이게 앞으로 네가 살아갈 새로운 삶의 방식이다. 이제 너는 개인적 성취와 성공을 위해서만 사는 삶에서 벗어나 다른 이들을 위해 살아가거라. 사람을 살리는 어부가 되거라. 그런 삶을 살아갈 때 너는 자신의 성공을 위해 살아갈 때와는 다른 완전히 새로운 인생의 열매를 경험하게 될 것이다."

오늘날에도 하나님은 우리를 이런 삶으로 부르십니다. 종종 사람들은 하나님이 나를 부르시면 하던 모든 걸 다 포기한 채 신학교 가고, 선교하러 나가며, 교회와 관련된 일이나 봉사를 더 열심히 해야 한다고 생각합니다. 아니요. 신학교 가고, 선교사를 하며, 교회에서 사역을 하면서도 우리는 얼마든지 그것으로 나의 성취를 이루며 살아갈 수 있습니다.

저 또한 개척교회 목사로 얼마든지 교회를 저의 개인적 성취를 이루는 수단으로 사용할 수 있습니다. 만약 제가 "오늘날 교회가 힘든 상황이라고 하지만 그래도 나는 이렇게 많은 변화를 이루고 청년들이 모이는 교회를 하고 있어. 나 이런 목회를 하고 있는 목사야"라고 생각한다면 저는 더는 목회를 통해 다른 이들을 섬기는 것이 아닙니다. 자신의 성취를 이루기 위해 교회와 성도들을 사용하고 있을 뿐이죠. 하지만 만약 누군가가 쉐프로 자신의 요리를 통해 하나님이 사랑하는 영혼들을 만족시키고 그들을 섬긴다는 생각으로 최선을 다한다면 어떨까요? 그 쉐프는 다른 어떤 교회의 봉사보다 더 가치 있는 일을 하고 있는 셈입니다. 이처럼 하나님의 부르심은 단순히 직접적으로 하나님과 교회에 관련된 일을 하는가에 있지 않습니다. 내가 앞으로 무엇을 위해, 누구를 위해 살아가느냐 묻는 것, 그러므로 삶의 방향성이 바뀌는 것. 하나님은 우리를 이러한 삶으로 부르십니다.

오늘 예수님이 베드로를 부르며 하신 말씀은 이를 잘 보여 줍니다. 예수님은 어부였던 베드로를 향해 전도하러 가자고 하지 않으십니다. 예수님은 그를 향해 사람을 낚는 어부가 되라고 말씀하십니다. 예수님이 얼마나 베드로의 삶을 배려하고 그를 존중하고 있는지가 보이시나요? 예수님은 평생을 어부로 살아왔던 베드로의 특징과 성향, 그의 몸에 익은 어부로서의 기능과 자질을 그대로 사용하겠다고 말씀하신 겁니다. 이건 오늘날도 마찬가지입니다. 불완전하고 깨어진 세상을 살아가는 우리는 일터에서 상처와 아픔, 부당함과 힘듦을 경험할 수밖에 없습니다. 하지만 그럼에도 하나님이 나를 어떤 모습으로 살도록 부르셨는지를 안다면, 내가 어떤 방식으로 살아가는 존재인지를 안다면, 지금 내가 있는 일터에 하나님이 사랑하고 섬기라고 하신 관계들이 있다는 사실을 안다면, 우리는 어디에서든 그분의 일을 하며 살아갈 수 있습니다. 그리고 이런 삶은 필연적으로 오직 나만을 위해 살았을 때는 결코 경험할 수 없었을 만족과 충만함을 경험하게 해 줍니다.

예수님이야말로 얼마든지 성부이신 하나님 곁에서 가장 영광스럽고 빛나며 다함이 없는 존재로 계실 수 있었습니다. 하지만 그분은 그 모든 것을 포기하기로 결정하셨습니다. 하나님의 아들이 저와 여러분을 위해 모든 걸 포기하신 채 신이라고 하기엔 너무나 바보 같아 보이고 무능력해 보이는 십자가의 길을 걸어가셨습니다. 그러나 예수님이 십자가라는 희생을 감내하셨기에 저와 여러분이라는 열매가 맺힐 수 있었습니다. 우리는 그분의 자녀가 될 수 있는 자격을 얻었고, 예수님이 하나님 안에서 누렸던 그 놀라운 축복을 누릴 수 있게 되었습니다. 하나님의 아들이 희생으로 맺은 열매가 바로 저와 여러분입니다!

하나님이 희생으로 우리라는 열매를 맺었다면 그분을 믿는 우리 또한 마찬가지입니다. 세상의 시선에서 자신을 희생하고 손해 보면서까지 누군가를 섬기는 삶은 텅 빈 인생일지 모릅니다. 하지만 하나님의 시선에선 다른 이를 섬기고 사랑하는 삶은 오히려 그 무엇으로도 경험할 수 없는, 아름다운 열매를 맺는 삶입니다. 예수님은 오늘날에도 삶의 방향을 나 자신에게 두며 그 무엇으로도 채울 수 없는 텅 빈 인생을 살아가는 우리를 부르시며 삶의 방향성을 바꿀 것을 요구하십니다.

러시아 변호사 자격증을 가진 아내를 따라 러시아로 건너가 풍족한 삶을 살던 우리 부부가 한국에서 교회를 개척하기로 결정했을 때 우리에게 이 모든 것은 두렵고 무모한 도전이었습니다. 아마 제 아내가 계속 러시아에서 변호사로 활동했다면 저희는 지금보다 경제적으로나 외적으로는 더 안정적인 삶을 살 수 있었을 겁니다. 실제로 모든 걸 내려놓고 한국으로 와 현실적인 문제들을 경험할 때마다 후회할 때도 있었고, 러시아에서의 풍족한 생활이 그립기도 했습니다. 하지만 만약 저희 부부가 우리의 만족만을 위해 살기로 결정했다면 영혼들이 변화되고 성장하며 하나님께 돌아오는 이 가슴 벅참과 충만함을 결코 경험할 수 없었을 겁니다. 둘 중 뭐가 더 가치 있냐고요? 당연히 영혼을 섬기는 일이죠. 세상에 어떤 많은 돈과, 좋은 차와, 넓은 집을 하나님이 사랑하시는 영혼과 감히 비교할 수 있을까요? 이런 의미에서 저희에겐 하나님이 만나게 해 주신 교회 성도들이야말로 그 무엇보다 가장 값진 열매입니다. 비록 많이 갈등하고 고민했지만 결국 예수님이 우리에게 주신 방식에 따라 살아가기로 결단할 때 우리는 지금껏 살아온 삶에서 결코 경험할 수 없었을 놀라운 순간들을 경험할 수 있었습니다.

하나님의 방식으로 인생의 방향성을 바꾸어 갈 때 우리는 놀라운 열매를 경험합니다. 하나님의 방식으로 삶을 바꾸어 갈 때 비로소 우리는 그 무엇으로도 채우지 못했던 내면이 가득 넘치는 경험을 하게 됩니다. 다시 한번 말씀드리지만 이런 삶의 비결은 대단한 데에 있지 않습니다. 지금 하나님이 여러분을 보내신 그곳에서 주신 달란트와 성품과 성향과 특성에 맞게 살아가되, 하나님이 사랑하는 영혼들을 섬기며 살아가면 됩니다. 사람을 낚는 어부와 영혼을 요리하는 쉐프, 사람을 세우는 투자자, 영혼을 가르치는 교사, 사람들의 필요를 채우고 도와주는 직장인으로 살아가는 것. 여기서부터 텅 빈 우리의 내면은 채워지기 시작합니다.

물론 쉽지 않을 수 있습니다. 갈등과 어려움이 찾아오겠죠. 그렇게 살아가는 우리를 보고 세상은 바보라고 말할지도 모릅니다. 하지만 그때마다 내가 하나님을 통해 어떤 존재로 바뀌었는지를 기억하기 바랍니다. 세상을 창조한 하나님이 나를 얼마나 사랑하셨고 얼마나 큰 은혜를 내게 베푸셨는지를 기억하기 바랍니다. 그리고 그분께 나가 기도하기를 바랍니다. 어려움의 순간마다 하나님을 찾을 때 그분이 우리를 향해 말씀해 주실 것입니다.


"두려워하지 말아라. 이제부터 너는 사람을 낚을 것이다."

공허를 지나는
당신을 위한 질문들


1. 나의 삶에서 '미생'처럼 완성되지 않은 부분이 있나요?


2. 하나님의 뜻을 따르는 것이 '터무니없어 보이는' 순간이 있었나
   요? 그때 나는 어떤 반응을 보였나요?


3. 하나님 앞에서 당신의 부족함을 깨닫게 된 경험이 있나요? 그
   때 어떤 감정을 느꼈나요?


4. 하나님의 부르심에 순종하는 것을 방해하는 내 삶의 요소는 무
   엇이 있나요?


5. '영혼을 섬기는 일'을 일상에서 어떻게 실천할 수 있을까요?

4장

# 고통스러운 인생에서

## 예수를 만나다

# 누구도 고통에서
# 자유로울 순 없다

이제는 그렇게 놀랍지도 않은 우리나라의 안타깝고 부끄러운 현실이 있습니다. 바로 OECD 국가 중 자살률 1위라는 사실입니다. 통계청이 발표한 〈2022년 사망원인 통계〉에 따르면 OECD 국가들의 평균 자살률은 10만 명당 11명이지만, 한국의 자살률은 무려 25명에 달했다고 합니다. 더욱 심각한 것은 최근 몇 년간 한국 사회에서 10-30대에 이르는 청소년, 청년들의 자살률이 매우 빠르게 급증했다는 점입니다. 이게 어떤 의미냐 하면, 우리가 이 책을 읽고 있는 순간에도 누군가는 극단적인 선택을 고민하거나 시도하고 있다는 말과 같습니다. 그것도 누구보다 밝게 빛나야 할 청소년과 청년들이요. 그런데 이렇게 심각한 현실을 우리는 얼마나 체감하며 살아갑니까? 내가 살아가는 하루 속에서 지금도 누군가가 자신의 목숨을 두고 고민하고 있다는 이 처참한 현실이 피부로 와 닿고 있나요?

아마 대부분은 그렇지 않을 겁니다. 물론 이 일이 당장 내 주변에서 일어나지 않는 일이라 그럴 수도 있습니다. 하지만 한편으로는 우리가 암울하고 처절한 우리 사회의 현실을 망각하고, 못 본 척하고 싶어 하기 때문이 아닐까요? 지금도 수없이 흘러나오는 TV 광고와 프로그램, 유튜브와 SNS를 보면 슬픔과 암울한 현실은 찾아보기 힘듭니다. 우리가 보는 유튜브, TV, SNS 속 사람들은 언제나 밝은 꿈을 이야기하고, 소망을 말하며, 결국엔 모든 것이 다 잘될 거라고 외칩니다. 그런데 정말 그럴까요? 조금만 관심을 가지고 화려하고 아름답게 치장되어 있는 우리 사회의 뒷면을 들여다보면 그다지 어렵지 않게 수많은 사람이 아픔과 슬픔 그리고 고통의 문제를 가지고 살아가고 있는 것을 알 수 있습니다. 과연 이 사람들이 겉으로 보기에도 다 불행해 보일까요? 아니요. 아마 겉으로는 밝게 웃으며 아무 문제 없는 것처럼 보일 것입니다. 하지만 속으로는 누구보다 고통스러워하며 울고 있을지 모룹니다. 아마 지금 이 순간에도 그 누구에게도 말 못 할 고통과 아픔을 가지고 울고 있는 분들이 우리 주변에는 얼마든지 있을 것입니다.

언젠가 친구 부부의 초청으로 강남의 한 레스토랑에 간 적이 있습니다. 친구는 레스토랑을 운영하는 분이 건물의 주인인데, 강남에 그와 같은 건물 몇 채를 더 가지고 있다고 말하더군요. "부럽다. 나도 이런 건물 하나만 있으면 소원이 없겠네"라는 시답지 않은 농담(사실 진심도 꽤 섞여 있었습니다)을 하며 메뉴판을 펼쳤습니다. 그런데 메뉴판에는 신기한 메뉴가 하나 있었습니다. 음식이 아니라 레스토랑 사장님이 쓰신 책이었습니다. 대충 책 소개를 보니 희귀병을 앓고 있는 아들의 투병 이야기를 담은 에세이였습니다. 알고 보니 이분은 희귀병을 가지고 있는 아들의 투병 생활 중에 하나님을 만나 새로운 삶을 살게 된 사연이 있었습니다. 그분의 사연을 알고 난후 저와 친구는 말했습니다.


"역시, 사람을 겉으로만 보고 판단할 순 없어. 남들은 강남에 이런 건물 몇 채가 있다고 하면 당연히 아무 문제도 없이 속편히 살 거라고 생각하겠지만, 누구나 각자만의 아픔이 있는 거야."

우리는 종종 돈만 많으면 딱히 인생에 어려움과 고통 같은 건 없을 거라고 쉽게 생각하지만 그렇지 않습니다. 고통의 문제는 그 누구도 피해 갈 수 없습니다. 고통은 돈이 많은 사람에게도 없는 사람에게도, 명예로운 사람에게도 그렇지 않은 사람에게도, 많이 배운 사람에게도 못 배운 사람에게도 동일하게 찾아옵니다. 깨어진 세상에서 이 고통은 항상 우리 곁에 머물러 있고, 언제 어떻게 닥칠지 모릅니다.

종종 우리는 이해할 수 없는 고통의 순간이 찾아올 때 "왜 내게만 이런 거야?"라고 말하곤 하지만 그렇지 않습니다. 고통은 언제든지 누구에게나 찾아올 수 있고, 그건 그렇게까지 이상한 일이 아닙니다. 하지만 그럼에도 고통은 힘들고, 우리는 조금이라도 고통이 없는 세상에서 살고 싶어 합니다. 그래서 사람들은 때로 신을 믿지 않거나 종교가 없어도 고통이 오면 특정한 신을 찾으며 '나에게 왜 이러냐며' 원망하거나 혹은 신을 향해 '나를 좀 도와 달라고' 도움을 요청하기도 합니다. 이처럼 고통이 우리 삶에 더 가까이 다가올 때 우리는 더 이상 아무렇지 않은 듯 살아갈 수 없습니다. 우리는 이 고통을 해결해 줄, 아니면 왜 이런 고통이 찾아왔는지 알려 줄 누군가가 필요합니다.

마가복음 5장 21-43절에는 고통 중에 예수님을 만난 두 사람의 이야기가 나옵니다. 그중 첫 번째는 회당장 야이로입니다. 회당은 유대인들이 매주 모여 기도하고 성경을 읽는 예배 장소이고, 회당장은 이곳을 총괄하는 책임자입니다. 당시 회당장은 종교적, 사회적으로 높은 지위와 명예를 가진, 성공한 상류층에 속했죠. 두 번째 등장인물은 이름조차 나오지 않는 한 여인입니다. 회당장 야이로와 다르게 그녀는 아무것도 가진 것이 없었고, 가족도 없었으며, 사람들의 관심 밖에 있던 너무나 보잘것없던 인물이었습니다. 얼마나 그녀의 존재감이 적었는지 성경은 그녀의 이름조차 기록하지 않습니다. 그만큼 그녀는 당시 사람들에게 주목받지 못했던 것이죠. 이처럼 둘은 겉으로 볼 때 완전히 다른 삶을 살았습니다. 하지만 이런 둘에게도 유일한 공통점이 하나 있었는데요. 둘 다 삶의 고통스러운 문제가 있었다는 것입니다.

먼저 회당장 야이로는 사랑하는 딸이 이름 모를 불치병으로 죽어 가는 고통 속에 있었습니다. 그는 아버지로서 딸을 살리기 위해 할 수 있는 모든 방법을 동원했을 겁니다. 하지만 그 어떤 치료도 효과가 없었고 어느새 그의 딸은 목숨이 위태로운 상황에 처해 있었습니다. 아무리 많은 돈도, 높은 사회적 지위와 명예도 야이로의 사랑하는 딸을 살리는 데에는 소용이 없었습니다. 그렇게 그는 사랑하는 딸이 죽어 가는 것을 지켜볼 수밖에 없는 극심한 무기력감 속에서 누구보다 고통스러워하고 있었습니다.

여인을 고통스럽게 한 것은 오랜 시간 고쳐지지 않은 혈류병이었습니다. 혈류병은 하혈이 멈추지 않는 병으로, 여성에게는 너무나 처참하고 고통스럽습니다. 특히 이스라엘 문화에서 부정한 병으로 여겨졌지요. 여인은 부정한 존재로 낙인찍힌 채 마을 공동체에서 쫓겨나 격리되어 살아가고 있었습니다. 무려 12년 동안이나요. 성경은 이 여인이 고통에서 벗어나기 위해 수많은 의사를 찾아다녔다고 말합니다. 그러나 고통에서 벗어나기 위해 여러 의사를 찾아 다니며 발버둥친 여인의 결과는 오히려 그녀의 인생을 더욱 고통스럽게 만들 뿐이었습니다. 성경은 이 모습을 아주 구체적으로 설명해 줍니다.

여러 의사에게 보이면서, 고생도 많이 하고, 재산도 다 없앴으나, 아무 효력이 없었고, 상태는 더 악화되었다(막 5:26).

세상에 이처럼 비참하고 고통스러운 상황이 있을까요? 가진 재산과 인생과 시간을 모두 쏟아부었는데도 상태가 더 악화되다니요. 12년이라는 시간 동안 여인의 삶은 점점 더 좌절과 절망으로 떨어져만 갔습니다. 이처럼 회당장 야이로와 여인은 성별을 비롯해 경제적 상황과 환경까지 공통점이라고는 하나도 찾아보기 힘들 만큼 너무나 달랐지만, 둘에게는 유일한 공통점이 있었습니다. 바로 피할 수 없는 고통을 경험하고 있다는 사실이었습니다.

그런데 이 둘은 고통 외에 또 다른 경험을 공유하기 시작합니다. 바로 고통스러운 삶에 예수님이 찾아오신다는 사실입니다.

## 믿음은 확신이 아니라
## 내용이다

예수님이 마을에 오셨다는 소식을 들은 야이로는 '예수님이라면 딸을 고쳐 주실 수 있지 않을까?'라는 간절한 마음으로 예수님을 찾아가 엎드려 외칩니다.

"제 어린 딸이 죽게 되었습니다. 오셔서 그 아이에게 손을 얹어 주십시오. 그러면 살아날 것입니다."

야이로의 간절함을 보신 예수님은 즉시 그의 집으로 향하고자 하시는데요. 이때 그 자리에는 야이로 못지않게 절박한 사람이 또 있었습니다. 바로 12년 동안이나 혈루병으로 고통받던 여인입니다.

앞서 말한 것처럼 모세의 율법에 따라 그녀는 '부정한 존재'로 여겨졌고, 그녀가 만지는 모든 것도 동일하게 부정하게 여겨졌습니다. 이런 율법의 규정 때문에 그녀는 가족들과도 접촉할 수 없었고, 회당에도 들어갈 수 없었으며, 사실상 모든 사회적 관계가 단절된 채 살아야만 했습니다. 이런 상황 속에서 그녀는 야이로처럼 당당하게 예수님 앞에 나설 수 없었습니다. 만약 그녀가 공개적으로 예수님께 나가 치료를 요청했다면, 사람들은 그녀를 부정하다며 마을 밖으로 내쫓거나 심한 경우 율법을 어겼다는 이유로 돌로 쳐 죽였을지도 모릅니다.

이런 상황 속에서 여인은 어찌저찌 예수님 가까이에는 왔지만, 여러 고민과 갈등에 빠졌습니다. '이대로 죽을 때까지 고통받으며 살아야 하나? 예수님께 나아가면 정말 치료받을 수 있을까? 하지만 들키면 어쩌지?' 하는 복잡한 감정과 갈등, 불안한 마음이 그녀를 괴롭혔습니다. 그러나 결국 여인은 오랜 고민 끝에 자신이 할 수 있는 최대한의 일을 하기로 다짐합니다. '저분이 정말로 나를 낫게 하실 능력이 있다면 내가 저분의 옷만 만져도 병이 나을 수 있지 않을까?'라고 생각한 것이죠. 그렇게 여인은 떨리는 마음으로 군중 속 예수님께 몰래 다가갔습니다. 그리고 수많은 사람 사이에서 들키지 않도록 조심스럽게 움직이다가 마침내 그분의 옷자락을 손끝으로 만집니다. 그 순간 놀랍게도 그녀는 온몸에 흐르던 고통이 멈추고 12년 동안 자신을 괴롭히던 혈류병이 낫는 것을 느꼈습니다. 마르지 않는 샘물처럼 흐르던 피가 멈췄고, 쇠약해졌던 그녀의 몸에는 마치 새로운 생명력이 돌아오는 것 같았습니다. 그녀는 예수님의 옷자락만 만졌을 뿐인데도 치유를 받았습니다!

사람들은 종종 이 이야기에서 '예수님의 옷만 만져도 나을 수 있다'고 여긴 강한 믿음이 그녀를 치유했다고 생각합니다. 하지만 여인이 예수님의 옷자락을 만진 건 그녀의 믿음이 다른 사람보다 더 컸기 때문이 아닙니다. 그것이 그녀가 처한 상황에서 할 수 있는 유일한 방법이었기 때문입니다. 그런데 여인이 예수님의 옷자락을 만지는 순간 예수님도 특별한 무엇인가를 느꼈습니다. 성경은 이를 두고 예수님이 "자기에게서 능력이 나간 것을 몸으로 느끼"(막 5:30)셨다고 말합니다. 여기서 '능력'이란 헬라어 '뒤나미스'로, '다이너마이트'의 어원이 된 강력한 힘을 의미합니다. 예수님은 여인이 옷을 만지는 그 순간 자신에게서 거대한 힘이 빠져나가는 것을 분명하게 느끼셨습니다. 이에 예수님은 야이로의 집을 향해 가던 걸음을 멈추고 "누가 내 옷에 손을 대었느냐?"라고 물으십니다.

예수님이 정말 자신의 옷을 만진 여인이 누구인지 몰라서 물으신 걸까요? 분명 예수님은 자신의 옷자락을 만진 여인이 누구인지, 12년의 고통의 세월을 보낸 그녀의 사연이 무엇인지를 이미 알고 계셨을 게 분명합니다. 또한 공개적으로 그녀를 찾는 것이 그 여인에게 얼마나 위험한 상황이 될 수 있는지도 잘 아셨습니다. 그런데도 왜 예수님은 야이로의 죽어 가는 딸을 살리러 가는 긴박한 순간에 굳이 발걸음을 멈추고 자신을 만진 여인을 찾으셨을까요? 왜냐하면 예수님은 이 여인에게 진정으로 필요한 것이 단순히 육체적인 치유 정도가 아니라는 것을 아셨거든요. 그래서 예수님은 발걸음을 멈춰 자신을 만진 여인을 찾으십니다. 그리고 이런 예수님의 말씀에 제자들은 퉁명스럽게 답합니다.

제자들이 예수께 "무리가 선생님을 에워싸고 떠밀고 있는데, 누가 손을 대었느냐고 물으십니까?" 하고 반문하였다(눅 5:31).

이때 제자들의 말을 통해서 우리는 한 가지 사실을 알 수 있습니다. 그건 바로 예수님께 손을 댔다고 해서 모든 사람이 병에서 낫고 그분의 놀라운 능력을 경험하진 않았다는 것입니다. 그 자리에서 수많은 사람이 예수님을 만졌지만, 그중에서 예수님의 능력을 경험한 사람은 오직 한 명뿐이었습니다. 바로 이름 없는 여인이요! 그렇다면 도대체 무엇이 다른 사람은 경험하지 못한 이런 놀라운 기적을 여인이 경험하게 해 주었을까요? 이 여인이 다른 사람보다 훨씬 더 강하고 굳센 믿음을 가지고 있었기 때문일까요? 우리는 이 여인이 고통에서 벗어나기 위해 그동안 노력했던 모습 속에서 여기에 대한 힌트를 얻을 수 있습니다.

앞서 성경은 이 여인이 병에서 낫기 위해 그동안 노력한 과정의 결과를 구체적으로 설명합니다. 여러 의사를 찾아갔지만 고생만 하고 재산은 다 날렸으며 아무 효과도 없었고 오히려 상태만 더 악화되었다고요. 2천 년 전 의료 환경은 지금과는 매우 달랐습니다. 의사들의 처방이라는 것도 실제 의료 행위보다는 주술적 요소가 가미된 민간요법에 가까웠죠. 그럼에도 여인은 유명하다는 의사는 모두 찾아다녔고, 검증되지 않은 온갖 치료법도 이것저것 시도해 봤을 겁니다. 하지만 그 결과는 더욱 악화 된 병세와 탕진뿐이었습니다. 과연 이런 상황 속에서 또 다른 누군가를 신뢰하기가 쉬운 일일까요?

우리가 종종 경험하듯이 반복되는 실패와 좌절은 우리

로 하여금 누군가를 더 이상 신뢰하기 어렵게 만듭니다. 반복되는 사랑의 실패를 경험한 사람은 다른 누군가를 쉽게 사랑하기가 어렵습니다. 믿었던 사람에게 큰 배신과 상처를 받은 사람은 더 이상 다른 누군가를 신뢰하지 못합니다. 하물며 12년 동안 의사란 의사는 다 찾아다녔는데도 병세가 악화되고 재산까지 탕진한 여인은 어땠을까요? 아마 이 여인은 더 이상 그 어떤 의사나 치료도 신뢰하지 않았을 게 분명합니다. 그런데 이런 절망의 상황 속에서 여인은 예수님을 향한 마지막 희망의 끈을 붙잡습니다. 여인은 단순히 '이분이라면 그 어떤 의사도 내게 알려 주지 않았던 좋은 치료법을 알려 주실 거야'라고 생각하지 않았습니다. 여인은 '이분이라면 그동안 내가 만난 돌팔이가 아닌 진짜 유능한 의사를 소개해 주실 거야'라고 생각하지도 않았습니다. 여인은 '이분은 이 병의 원인을 제대로 진단하고 올바른 처방을 내려 주실 거야'라고 생각한 게 아니었습니다. 여인은 사람들 사이에서 들리는 수많은 이야기를 통해 예수님에 대해서 알게 되었고, 예수님을 그 자체로 소망하기 시작했습니다!

"이분이 내게 남은 마지막 유일한 희망이야. 오직 예수님만이 그 누구도 해결 못 한 나의 문제를 해결해 주실 수 있어.

나에겐 이분이 필요해."

'저분의 옷자락만 만져도 내가 나을 수 있지는 않을까?'라
는 여인의 믿음 자체는 굉장히 미신적이고 올바른 믿음은 아
니었습니다. 하지만 그럼에도 여인은 이런 부족하고 이상한
믿음으로도 병에서 나음을 얻습니다. 어떻게 그럴 수 있냐고
요? 그녀의 믿음은 비록 불완전하고 부족했지만 그녀가 믿은
대상이 예수님이었거든요.

만약 이 여인이 '베드로는 예수님이 가장 아끼는 제자이
니 베드로의 옷을 만지기만 해도 나는 나을 거야'라고 강력하
고 한치의 의심도 없이 믿으며 베드로의 옷을 만졌다면 어땠
을까요? 그래도 병에서 나았을까요? 아니요. 만약 여인이 베
드로의 옷을 만졌다면 그녀는 아무리 강하고 확고한 믿음을
가지고 있어도 낫지 않았을 겁니다. 믿음의 대상이 잘못 되었
으니까요. 바로 이게 믿음에서 굳센 확신이 사실 그렇게까지
중요하지 않은 이유입니다. 저는 믿음이 약해도 된다는 말을
하고 있는 게 아닙니다. 믿음에서 얼마나 강하고 굳세게 믿느
냐보다 더 중요한 건 얼마나 올바른 걸 믿는가에 있습니다.
만약 믿음에서 한치의 의심도 없는 굳센 확신이 중요하다면
이단이야말로 진짜 강하고 좋은 믿음 아닐까요? 하지만 우리

는 그걸 좋은 믿음이라고 말하지 않습니다.

과거 학생부 아이들과 함께 대만으로 단기 선교를 간 적이 있었습니다. 당시 어릴 때 뇌 수술을 받은 학생이 있었는데, 기압 때문에 비행기를 타는 내내 너무나 힘들어하고 고통스러워했습니다. 당연히 담당 사역자인 저는 비행 시간 내내 그 학생을 신경 쓸 수밖에 없었죠. 그렇게 선교를 끝내고 한국행 비행기를 타는 순간이 왔습니다. 당시 청소년 아이들을 데리고 10일 동안이나 해외에서 선교를 하다 보니 제 체력은 이미 완전히 바닥난 상태였습니다. 한국으로 돌아가는 비행기에서라도 잠시 휴식을 취하고 싶었지만 오는 동안 아파했던 학생이 신경 쓰였습니다. 그러다 저는 한 가지 꾀를 내어 그 학생에서 비타민 알약을 주며 말했습니다.

"이거 목사님이 너를 위해서 산 진통제야. 이거 한 알에 엄청 비싼 거야. 하지만 그만큼 효과는 아주 확실해! 이거 먹으면 절대 안 아플 거야!"

당시 학생은 제 말을 철석같이 믿었습니다. 정말 한치의 의심도 않고요! 드디어 비행기는 지면에서 떠올라 하늘 위를 날기 시작했고 저는 그 학생에게 물었습니다.

"어때, 괜찮지?"

"아니요. 아파요!"

만약 제가 정말 효과가 뛰어난 진통제를 주었다면 어땠을까요? 그 학생이 진통제를 받으면서 "이거 먹어도 정말 괜찮은 거 맞아요? 못 믿겠어요"라고 의심했어도 아프지 않았을 겁니다. 믿음의 여부와 상관없이 올바른 약을 복용했으니까요. 바로 이게 여인이 병에서 나을 수 있었던 이유였습니다.

비록 여인의 믿음이 올바른 믿음은 아니었지만 그럼에도 병에서 나을 수 있었던 이유는 그녀가 올바른 믿음의 대상인 예수님을 붙잡았기 때문입니다. 한마디로 여인을 치유한 건 그녀의 강한 믿음이 아니라 그녀가 찾은 예수님이었습니다. 하지만 여인은 예수님이 자신을 찾을 거라는 것까지는 전혀 상상하지 못했습니다. 여인은 수많은 인파 속에서 예수님의 옷만 몰래 만지고 돌아갈 요량이었습니다. 그런데 그녀가 예수님의 옷을 만지는 순간 예수님은 우뚝 서서 사람들을 향해 묻기 시작합니다.

"누가 내 옷을 만졌다. 누구냐?"

# 하나님은 내 생각대로
# 일하시지 않는다

예수님의 말씀을 듣는 순간 여인은 가슴이 철렁 내려앉으며
두려움에 떨기 시작했습니다.

'큰일 났구나. 부정한 병에 걸린 내가 예수님을 만졌다는 사
실을 알면 분명 예수님이 나에게 큰 화를 내실 거야. 어쩌면
사람들이 나를 끌고 가 돌로 쳐 죽일지도 몰라.'

그렇다고 여인은 예수님을 속일 수 없다는 것도 잘 알았
습니다. 그렇게 두려움 속에서 여인은 "저…, 접니다. 제가 만

졌습니다"라고 말하며 나왔습니다. 그리고 예수님 앞에 자신의 처지와 행한 일을 사실대로 말했습니다. 그때 예수님은 누구도 예상치 못했던 너무나 따뜻한 음성으로 말씀하십니다.

"딸아, 네 믿음이 너를 구원하였다. 안심하고 가거라. 그리고 이 병에서 벗어나서 건강하여라"(막 5:34).

두려움에 떨고 있던 여인을 향한 예수님의 첫 음성이 뭔지 보이십니까? 바로 "딸아"입니다. 질책과 저주와 형벌이 떨어질 거라 믿으며 두려움에 떨고 있는데, "딸아"라는 예수님의 따뜻한 음성을 들은 여인의 심정이 어땠을까요? "딸아"라는 이 한마디는 12년 동안이나 부정한 병에 걸려 살아오던 여인에게 세상에서 가장 큰 울림이었습니다. 오랜 시간 부정한 병 때문에 그녀는 사랑하고 사랑받았던 수많은 사람에게 버림받았습니다. 이웃도, 가족도 만나지 못한 채 홀로 마을 밖에서 외롭고 고통스러운 시간을 보내고 있었죠. 이런 상황에서 병에서 나았다 해도 이미 오랜 시간 그녀가 잃어버린 관계들을 회복하는 건 쉽지 않았을 겁니다. 어쩌면 병에서 나았어도 여전히 부정하고 더러운 병에 걸렸던 여인이라는 꼬리표가 그녀를 괴롭혔겠죠. 그리고 이 사실은 병에서 나은 여인에게 또 다른 고통으로 다가왔을 게 분명합니다.

그런데 예수님은 이런 여인을 향해 너무나 따뜻한 음성으로 말씀하십니다. "딸아"라고요. 지금 예수님이 여인에게 무엇을 회복시켜 주시는지 보이시나요? 예수님은 단순히 여인을 병에서만 고쳐 주시는 것이 아니라, 더럽고 부정하며 버림받은 존재로 살아온 그녀의 삶 전체를 회복하고 치유하고자 하셨습니다. 그리고 바로 이게 예수님이 자신의 옷자락을 만진 여인을 굳이 찾으신 이유였습니다.

그런데 한 여인이 고통의 문제에서 벗어날 때 한쪽에서는 더 고통스러운 상황이 발생하기 시작합니다. 예수님과 여인의 대화가 끝날 때쯤 야이로의 집에서 달려온 한 사람이 야이로를 향해 말했습니다.

"따님이 죽었습니다."

이때 아버지 야이로의 기분이 어땠을까요? 어쩌면 너무 충격적인 소식에 차마 눈물조차 나지 않았을지도 모릅니다. 애써 자신이 들은 소식을 부정하고 싶었을지도 모르죠. 그런데 복잡한 심경에 마음이 요동치는 야이로를 향해 그의 집에서 온 사람은 이어서 말합니다.

"이제 선생님을 더 괴롭혀서 무엇하겠습니까?"

여기에 담긴 의미는 다음과 같습니다.

"이미 다 끝났습니다. 지금 와서 선생님께 민폐를 끼쳐서 무엇합니까? 집에 가서 딸의 장례나 준비하렵니다."

이때 예수님은 이들의 곁에서 모든 대화를 잠잠히 듣고 계셨습니다. 헬라어 성경은 야이로와 그의 집에서 온 사람의 이야기를 듣는 예수님의 모습을 설명하며 예수님이 이들의 대화를 무시했다고 말합니다. 쉬운 성경은 이 뉘앙스를 살려서 이렇게 번역했습니다.

예수께서 그 말에 아랑곳하지 않으시고(막 5:36).

사람들은 야이로를 향해 하나같이 "이제 마지막 희망조차 사라졌습니다. 당신의 딸은 완전히 끝이 났습니다. 당신이 상상할 수 있는 최악의 고통이 당신에게 찾아왔습니다"라고 말하고 있습니다. 그런데 예수님은 그 사람들의 말을 모두 무시하며 야이로를 향해 말씀하십니다.

"두려워하지 말고 믿기만 하여라."

여기서 우리는 예수님의 시선이 우리의 시선과는 다르다는 것을 알 수 있습니다. 야이로와 다른 사람들에게 어린 딸의 죽음은 마지막 남은 희망조차 사라진 고통과 절망의 끝이었지만 예수님에겐 아니었습니다. 예수님에게 어린 딸의 죽음은 혈류병에 걸린 여인을 고치는 것과 하나도 다를 게 없는 일이었습니다. 그리고 예수님은 야이로에게도 이를 알려 주고 싶으셨습니다.

"너는 나를 네 딸을 병이라는 고통에서 구원할 수 있는 사람 정도로 생각했겠지만, 내가 너에게 줄 수 있는 건 그 이상이다. 딸이 병에서 낫는다고 해서 네 인생에 완전한 회복이 임하는 것이 아니다. 언젠가 또 다른 고통이 너를 괴롭힐 것이다. 나는 하나의 질병 정도에서 너를 구원하기 위해 온 존재가 아니다. 나는 네 인생에 진정한 회복을 주기 위해 왔다. 너는 이것을 믿을 수 있겠느냐?"

바로 이것이 예수님이 야이로를 향해 "두려워하지 말고 믿기만 하여라"라고 말씀하신 이유였습니다. 정말 하나님이 살아 계시다면 그분은 우리의 생각이나 상식에 얽매일 수 없습니다. 생각보다 많은 사람이 이 단순한 사실을 망각합니다. 그래서 내 눈에 모든 것이 다 끝나고 망한 것만 같아 보일 때 정말 인생이 망하고 끝났다고 생각합니다. 하나님도 내 인생을 버렸다고 생각합니다. 그러나 내 눈에 모든 것이 끝난 것처럼 보인다고 해서 하나님도 모든 게 끝난 것은 아닙니다. 내 눈에 더 이상 답이 안 보인다고 해서 하나님에게도 답이 없는 것은 아닙니다. 내가 느끼기에 그 어떤 희망도 없는 것 같다고 해서 하나님께도 희망이 없는 것은 아닙니다. 하나님의 시선은 우리와 같지 않습니다. 하나님은 우리가 미처 보지 못한 훨씬 더 큰 그림을 보고 계십니다. 그래서 하나님의 계획과 뜻은 우리의 계획이나 생각과는 결코 같을 수 없습니다. 그것을 훨씬 뛰어넘지요! 우리가 도저히 상상조차 할 수 없을 만큼요!

이게 무엇을 의미할까요? 하나님을 믿는다는 것은 내 눈에 보이는 상황이나 환경이 아니라 하나님 자체를 나의 유일한 희망이자, 답이자, 길로 신뢰하는 것입니다. 그 어떤 상황에서도 하나님은 내가 전혀 생각하지 못했던 방식으로 얼마든지 일하실 수 있는 분이라는 것을 신뢰하는 것, 이것이 성경이 말하는 하나님을 향한 믿음입니다.

# 고통의 해결보다
# 완전한 회복을 위해

기독교는 내가 절망과 끝이라고 생각했던 상황과 환경도 하나님 안에서는 얼마든지 바뀔 수 있다고 말합니다. 고통도 마찬가지입니다. 하나님은 갑자기 '뿅' 하고 우리가 경험하고 있는 고통을 사라지게 하는 방식으로 일하시지 않습니다. 고통의 문제는 그렇게 단순하지 않고, 그렇게 한다고 해서 해결될 수 있는 것도 아니기 때문입니다. 그래서 하나님은 인생의 고통을 갑자기 없애는 것이 아니라 우리로 고통을 새롭게 바라보고 해석할 것을 요구합니다. 이를 두고 김형국 목사님은 이렇게 말합니다(《만나지 않으면 변하지 않는다》, 생명의말씀사, p. 45).

"기독교는 마약을 주는 종교가 아닙니다. 오히려 고통을 있는 그대로 바라보고 그 속을 의연하게 걸어가도록 돕습니다. 고통 가득한 세상살이지만 고통의 공격이 사라지는 새로운 세계가 있음을 알면 소망을 가질 수 있습니다. 죽으면 고통이 끝나고 무로 돌아가는 것이 아니라 예수가 부활했듯이 우리도 변화한 몸으로 부활한다고 가르칩니다. … 인생의 끝이 어디로 향하는지 알고 소망을 품는다면, 고통 속에서도 의연히 견딜 힘을 얻을 수 있습니다."

성경은 우리가 살아가는 세상이 죄로 인해 깨어졌다고 말합니다. 사람들은 종종 "하나님이 있다면 세상이 왜 이런 거예요?"라고 말하곤 합니다. 그런데 세상에 고통이 있다고 해서 '하나님은 없어'라고 어떻게 확신할 수 있죠? 하나님이 사라지면 세상의 고통을 해석할 수 있는 더 합리적이고 탁월한 해석이 생길까요? 아니요. 하나님이 계시지 않다면 세상에서 우리가 겪는 고통은 그냥 '재수가 없어서' 생기는 일일 뿐입니다. 그렇지 않나요? 무작위로 돌아가는 세상에선 고통에 그어떤 이유도, 원인도, 소망도 없습니다. 그러니 고통이 이해되지 않는다고 하나님을 없애는 건 너무 성급한 결정입니다.

오히려 성경은 우리가 살아가는 세상에 고통이 찾아온 이유가 죄로 인해 세상이 깨어졌기 때문이라고 말합니다. 지금 우리가 살아가는 세상은 천국이 아닙니다. 그래서 이 세상에서 고통을 완전히 피할 수 없습니다. 하나님을 아무리 잘 믿고 신앙생활을 열심히 해도 깨어진 세상에서 살아가는 동안 우리는 크고 작은 고통을 경험합니다. 그렇다면 하나님은 이런 세상에서 고통받는 우리를 향해 "아이구, 불쌍하지만 그건 어쩔 수 없단다. 그냥 그런 게 인생이야"라고 안타까워만 하실까요?

아니요! 하나님은 고통을 피할 수 없는 세상에서 우리에게 참된 회복이 어디에 있는지를 알려 주고자 하셨습니다. 진짜 소망과 회복이 어디에 있는지를 보여 주고자 하셨습니다. 그래서 하나님은 직접 고통 가득한 세상 한가운데로 뛰어드셨습니다. 바로 이게 그 어떤 종교와도 다른 성경의 메시지입니다.

역사 속에서 영향력을 많이 미쳐 온 고등 종교들도 모두 고통에 대해서 이야기하고 고통의 문제를 다룹니다. 하지만 그 어떤 종교도 신이 직접 고통을 경험하고 직면했다고 말하진 않습니다. 일반적인 종교는 고통에서 벗어나는 방법이나 노하우를 가르쳐 주거나, 신이 있다 해도 "내 말을 잘 듣고 따르면 그 고통에서 너를 구해 줄게"라고 조건을 내걸 뿐입니다. 또한 불교나 힌두교에서 고통에서 벗어나 해탈에 이르는 길을 고행이라고 부르듯이, 만약 고통에서 벗어나는 방법이 있다고 해도 그것을 직접 실천해서 성공하는 건 결코 쉽지 않고 그 과정 또한 고통스러운 건 마찬가지입니다.

하지만 성경은 하나님이 우리의 고통을 멀리서 지켜보며 그저 안타까워하거나, 고통에서 벗어날 노하우와 방법을 알려 줬다고 말하지 않습니다. 하나님은 그런 식으로 고통의 문제를 해결하지 않으십니다. 하나님은 죄로 인해 고통이 넘치는 세상에 직접 내려와 고통에 직면함으로써 우리에게 진짜 회복이 어디에 있는지를 보여 주셨습니다.

만약 한 아이가 깊은 소용돌이에 빠져 허우적대며 위태로운 순간에 있다고 해 볼까요? 이때 소용돌이 속에 점점 빠져가는 아이를 보며 주변 사람들이 저마다 외칩니다. "몸에 힘을 빼! 발등을 쭉 펴고 더 힘차게 다리를 동동거려! 팔을 앞뒤로 크게 흔들어!" 그런데 그때 한 사람이 기꺼이 소용돌이 속으로 뛰어들어 아이를 건져 안으며 말합니다.

"아빠만 믿어. 아빠만 꼭 붙잡고 있어."

이 경험을 통해 아이는 무엇을 알 수 있을까요? 위험한 소용돌이에서 헤어 날 수 있는 노하우와 수영 방법일까요? 아니요. 자신을 구하기 위해 물속에 뛰어든 아빠를 붙잡으며 아이가 고백할 수 있는 건 단 한 가지입니다.

"나를 위해 기꺼이 위험한 소용돌이 속으로 뛰어든 아빠가 곧 나의 구원이구나. 나에게 필요한 건 물에서 빠져나올 수 있는 어떤 노하우나 방법이 아니라 나를 위해 기꺼이 위험한 물속으로 뛰어든 아빠를 향한 신뢰구나."

바로 이게 하나님이 우리에게 하신 일입니다. 그리고 예수님은 자신이 바로 이 고통 가득한 세상 속에 뛰어든 하나님이라고 말씀하셨습니다.

죽은 야이로의 딸을 향한 예수님의 말씀은 이를 잘 보여 줍니다. 딸의 죽음은 사람들의 눈에는 모든 것이 다 끝난 것으로 여겨졌지만 예수님에게는 아니었습니다. 죽음을 정복하고 이길 수 있는 하나님인 예수님께 야이로의 딸은 말 그대로 자고 있는 것에 불과했습니다. 그리고 예수님은 야이로와 제자들에게 예수님이 어떤 분인지를 더욱 깊게 보여 주기 원하셨습니다. 그래서 예수님은 아이의 시체가 있는 곳으로 야이로의 부부와 몇몇 제자들만을 데리고 들어가셨습니다. 그리고 딸의 손을 잡고 말씀하십니다.

"일어나거라, 소녀야."

예수님의 말씀이 끝나자마자 조금 전까지 분명 죽어 있던 아이는 잠에서 막 깨어난 것처럼 눈을 비비며 일어났습니다. 어쩌면 정말 막 잠에서 깬 것처럼 기지개를 켰을지도 모르지요. 이 모습을 보고 그 자리에 있던 사람들이 모두 놀라워할 때 예수님은 너무나 담담하게 말씀하십니다.

"소녀에게 먹을 것을 주거라."

예수님이 어떻게 어린 소녀를 대하고 있는지가 보이시나요? 다른 사람들에게 죽었던 아이가 살아난 일은 경악할 만큼 놀라운 일이었지만, 예수님에게는 그저 깊은 잠에 빠진 채 침대 위에서 자고 있던 사랑스러운 자녀를 깨우는 부모의 행동에 불과했습니다.

"애야, 일어나야지. 아침이란다. 새로운 날이 밝았단다."

바로 이것이 고통 가득한 세상에 내려오신 예수님이 우리에게 주고자 하신 소망입니다. 예수님은 우리가 경험하고 있는 잠깐의(물론 개인적으로는 영원히 끝나지 않을 것 같은 시간처럼 느껴질 수 있습니다. 그러나 언젠간 반드시 끝이 납니다. 이렇게 표현한 것에 오해 없으셨으면 합니다.) 힘든 상황과 고통에서 우리를 벗어나게 하기 위해 오신 분이 아닙니다. 고통을 피할 수 없는 세상에서는 잠깐의 고통에서 벗어난다 해도 언제 어떻게 또 다른 고통이 찾아올지 모르니까요.

그렇기에 예수님은 우리에게 잠깐의 고통에서 벗어나는 것이 아닌 모든 것이 새롭게 회복되고 완성될 그분의 나라, 새로운 날을 주기 원하십니다. 오늘날 우리가 경험하는 고통은 어쩌면 경고음일지 모릅니다. 이미 세상은 깨어졌고, 우리에겐 깨진 세상을 넘어설 영원한 소망이 필요하다는 사실을 깨닫게 하는 경고음 말이지요. 예수님은 딸이 병에서 낫는 것 정도만을 소망하는 야이로에게 그보다 더 영원하고 완전한 회복이 필요하다는 걸 보여 주고자 하셨습니다. 그래서 예수님은 혈류병에 걸린 여인을 치유하는 동안 야이로의 딸이 목숨을 잃을 수 있다는 사실을 아시면서도 길을 재촉하지 않으신 겁니다. 예수님이 너무 냉담하신 걸까요? 아니요. 예수님에게는 죽은 소녀를 살리는 일이 여인을 혈류병에서 낫게 하는 일과 그 어떤 차이도 없었습니다. 하지만 딸이 병에서 낫는 것과 죽음에서 살아나는 것은 야이로에게는 완전히 다른 메시지였습니다. 예수님이 자신의 죽은 딸을 아무렇지도 않게 살리는 모습을 보았을 때 야이로는 예수님이야말로 자신의 유일하고 영원한 소망이 되시는 분이라는 걸 진정으로 깨달을 수 있었습니다.

오늘날에도 때로 우리에겐 하나님이 우리의 고통스러운 현실을 그저 방관하는 것처럼 느껴질 때가 있습니다. 나는 이렇게나 힘든데 정작 하나님은 아무것도 하지 않는 것만 같고, 나를 도와주지 않는 것처럼 느껴질 때가 얼마나 많습니까? 그러나 우리 눈에 하나님이 아무 일도 하지 않는 것처럼 보인다고 해서 하나님이 정말 가만히 계시는 건 아닙니다. 처음에만 해도 야이로의 눈에 예수님의 행동은 죽어 가는 자신의 딸을 방관하는 것처럼 보였을 겁니다. 하지만 그 순간 예수님은 가장 야이로와 그의 딸을 위해 일하고 계셨습니다. 우리도 마찬가지입니다. 하나님은 고통스러운 우리의 삶 속에서도 우리가 생각하지 못한 더 놀라운 방식으로 분명하게 일하시며 말씀하고 계십니다.


"두려워하지 말고 믿기만 하여라."

# 우리에게도 야이로와 같은
# 아빠가 있다

물론 이 이야기를 듣고 이런 질문을 하실 수도 있습니다.

"하나님이 우리를 위해 일하고 있다는 걸 우리가 어떻게 알
수 있죠? 그냥 그럴 거라고 믿는 정신 승리 아닌가요?"

만약 2천 년 전 세상에 오신 예수님이 없었다면, 야이로
를 찾아가시고, 혈류병에 걸린 여인을 병에서 낫게 하신 예수
님이 없었다면 이 이야기는 정신 승리에 불과할 겁니다. 하지
만 예수님이 하신 일이 사실이라면 이야기는 완전히 달라집

니다. 성경은 죽음에서 살아난 소녀의 나이가 열두 살이었다고 기록합니다. 앞서 혈류병에 걸린 여인 또한 12년 동안 병으로 고통당했다고 이야기합니다. 단순한 우연일까요? 아니요. 오늘 성경을 쓴 마가는 12년 동안 혈류병에 걸린 여인과 병으로 죽었던 열두 살 소녀의 이야기를 통해 우리에게 한 가지 메시지를 전해 주고 있었습니다. 그것은 바로 야이로가 열두 살 난 딸을 죽음에서 살리기 위해 발 벗고 나선 아버지인 것처럼, 예수님은 깨어진 세상에서 고통으로 죽어 가는 우리를 살리기 위해 발 벗고 나선 참된 아버지라는 사실입니다.

오늘 이야기의 시작에서 우리는 야이로가 처음 보는 예수님 앞에 무릎을 꿇고 간청하는 것을 볼 수 있습니다. 명예를 무엇보다 중요하게 여기던·이스라엘 문화에서 회당장이 처음 보는 30대 청년에게 이런 행동을 하는 건 매우 파격적인 일이었습니다. 아마 야이로를 알고 있는 사람들은 그의 행동에 큰 충격을 받았을지 모릅니다. 하지만 딸을 사랑하는 아버지 야이로에게 체면이나 명예 따윈 중요하지 않았습니다. 그는 사랑하는 딸을 살리기 위해서라면 더한 것도 할 수 있었습니다. 이런 야이로는 당시 문화 속에서는 쉽게 찾아보기 힘든, 딸을 극진히 아끼고 사랑하는 아버지였습니다.

그러나 혈류병에 걸린 여인은 정반대였습니다. 그녀는 부정한 병에 걸렸다는 이유로 이웃은 물론 가족들에게조차 버림받은 가련한 여인이었습니다. 이런 그녀에겐 부정한 병에 걸려 고통스러운 시간을 보내고 있는 자신을 위해 발버둥 치며 모든 걸 내어 줄 아버지가 없었습니다. 사실 당시 문화 속에서는 이 여인의 모습이 일반적인 모습이었습니다. 오늘날에도 마찬가지 아닌가요? 세상에는 화목한 가정과 좋은 부모님 밑에서 자란 사람들도 있지만 그렇지 않은 사람들도 너무나 많습니다. 때로 어떤 이들에게는 나를 가장 보호하고 돌봐 줄 가정이 가장 나를 고통스럽고 힘들게 하는 곳이기도 하죠. 동시에 화목한 가정과 좋은 부모님 밑에서 자랐다고 해서 무조건 행복한 것도 아닙니다. 딸의 죽음 앞에 무기력했던 야이로처럼 우리의 부모님 또한 연약하고 한계를 가진 존재거든요.

오늘 성경을 쓴 마가는 이런 우리에게 진정한 아버지가 있다고 말합니다. 바로 하나님입니다. 그분이 우리를 위해 어떤 일을 하셨는지 아십니까? 하나님은 우리를 위해 자신의 하나밖에 없는 아들인 예수님을 처참하게 버리셨습니다. 이 말이 너무 불경하게 느껴지나요? 아니요! 하나님은 진정으로 예수님을 버리셨습니다. 십자가 위에서 예수님이 어떤 일을 당하셨는지 아시나요? 그분은 실오라기 하나도 입지 않은 채

완전히 발가 벗겨지셨습니다. 당시 사람들은 예수님의 얼굴에 침을 뱉었고, 그분의 뺨을 때렸고, 그분을 조롱했습니다. 예수님은 로마의 무시무시한 갈고리 채찍에 맞으며 온몸이 피투성이와 망신창이가 되셨습니다. 그뿐 아니라 예수님은 십자가 위에서 그 어떤 질병보다 더욱 고통스러운 신체적, 정신적 고통을 모두 경험하셨습니다.

하지만 하나님은 예수님이 고통스러운 시간을 지나고 있을 때 아무런 일도 하지 않으십니다. 하나님은 예수님이 고통 속에서 죽어 가는 모든 순간에 완전히 침묵하십니다. 왜요? 바로 저와 여러분을 위해서요. 깨어진 세상에서 조롱과 모욕과 부끄러움과 멸시를 피할 수 없고, 때로는 신체적, 정신적 질병이라는 고통에 시달릴 수밖에 없는 우리를 영원한 하나님의 나라로 구원하기 위해서 하나님은 자신의 아들을 고통의 한가운데로 보내셨습니다. 마치 위험한 소용돌이에 빠진 자녀를 위해 목숨을 걸고 그 속으로 뛰어든 아버지처럼 예수님은 우리를 구원하기 위해 기꺼이 고통 가득한 세상의 소용돌이로 뛰어드셨습니다. 그리고 우리를 향해 말씀하셨죠.

"내가 바로 너희의 구원이다. 이런 나를 신뢰하거라. 내가 너희를 위해 버림받았으니 하나님은 결코 너희를 버리지 않으실 것이다."

과연 예수님과의 만남 이후에 혈류병에 걸렸던 여인과 야이로의 가정에 아무런 고통도 없었을까요? 아니요. 분명 그들은 각자만의 또 다른 크고 작은 고통을 경험했을 게 분명합니다. 하지만 예수님과의 만남 이후 여인과 야이로가 고통을 대하는 모습은 이전과 완전히 달라졌을 겁니다. 그들은 피할 수 없는 세상의 고통 속에서도 예수님을 통해 진짜 소망이 어디에 있는지를 발견했으니까요. 회복을 향한 새 삶이 그들에게 시작된 것이죠. 마찬가지로 2천 년 전 고통 속에 있는 두 사람에게 찾아오신 예수님은 오늘날에도 여전히 그 누구에게도 말할 수 없는 고통의 한가운데 있는 우리에게 기꺼이 찾아와 말씀하십니다.

"내 사랑하는 딸아, 내 사랑하는 아들아. 내가 너를 위해 이 고통 속에 기꺼이 뛰어들었다. 내가 너를 구원하기 위해 이곳에 왔다. 그러니 나를 믿거라. 내 품에 안겨 나를 신뢰하거라. 그리고 평안하거라."

바로 이것이 지금도 여전히 고통 속에서 어떻게 해야 할지 몰라 방황하고 있는 우리를 향한 예수님의 초청입니다. 만약 고통에 아무런 의미도 없다면 우리는 왜 이 고통을 힘들게 견뎌야 할까요? 결국 죽음으로 모든 것이 끝나고 사라진다면 도대체 우리는 죽음을 피할 수 없는 세상에서 무엇을 소망하며 살아야 할까요? 하지만 고통이 고통으로 끝나지 않고 죽음을 넘어시는 영원한 소망이 있다면요? 모든 것이 다 끝난 것만 같은 어둠의 순간에 하나님이 우리를 깨우시며 "아가야. 이제 일어나야지. 새로운 날이 밝았단다"라고 따뜻한 음성으로 우리를 깨우실 날이 온다면요?

이런 세상이 있다면 우리는 고통 속에서도 자신을 망가뜨리거나, 삶의 끈을 놓거나 소망을 잃지 않을 수 있고, 새로운 삶을 살아갈 수 있습니다. 그렇다면 이것이야말로 진정 우리에게 필요한 소망이 아닐까요? 여러분에게 이런 소망이 필요하지 않은가요? 우리를 위해 기꺼이 자신을 희생하신 예수님이 우리의 소망이 되어 주실 것입니다.

고통을 지나는
당신을 위한 질문들

1. 지금 내 삶을 가장 고통스럽게 하는 어려움은 무엇인가요? 나는 이 고통을 다루기 위해 어떻게 노력하고 있나요? (적극적인 노력, 자포자기, 도움 요청, 원인 찾기 등.)

2. 세상이 깨어져 있으며, 깨진 세상에서 고통을 완전히 피할 수 없다는 말에 대해 어떻게 생각하나요?

3. 그럼에도 하나님이 내 상황을 누구보다 잘 알고 계시다는 것을 경험해 본 적이 있나요?

4. 지금 내 삶에서 "두려워하지 말고 믿기만 하라"는 예수님의 말씀이 가장 필요한 영역은 어디인가요?

5. 결코 끝나지 않을 것 같은 고통 속에서 언젠가 나를 향해 "이제 일어나렴. 새로운 날이 밝았단다"라고 말씀하실 하나님이 있다면 나는 어떤 삶을 살아갈 수 있을 것 같나요?

나를 믿거라.
내 품에 안겨 나를 신뢰하거라.
그리고 평안하거라.

5장

불안한 인생에서

예수를 만나다

## 저 예수 청년에게
## 답이 있을지 몰라

잠시 이런 상상을 해 보면 어떨까요? 주변에 굉장히 똑똑하고, 잘나며, 사회적으로도 성공한 사람이 있다고 해 봅시다. 이 정도 잘났으면 잘난 척도 하고 재수도 없을 법한데 이 사람은 굉장히 겸손하고 올바릅니다. 사람들 앞에서 함부로 자신을 내세우지 않고요. 다른 사람의 의견을 잘 경청하며 반영하려고 하죠. 대인관계도 원만하고 도덕, 윤리적으로도 바르게 살아갑니다. 이미 많은 것을 알고 있으면서도 항상 누군가에게 무엇인가를 배우려는 열린 자세도 갖고 있죠. 심지어 자신의 사회적 지위와 부를 이용해서 주변 사람들을 돌보고 더 나아가 세상과 사회에 대한 고민 속에서 문제들을 해결하기 위해 힘써 노력합니다.

그런데 어느 날 이 사람이 한밤중에 근심 가득한 얼굴로 여러분을 찾아와 말합니다.

"난 아직도 너무 부족한 게 많은 것 같아. 주변 사람들과 사회를 돌보려 노력하지만 여전히 내 노력은 너무나 보잘것없고 초라하게만 보여. 더 많은 사람을 돕고 또 나도 더 나은 삶을 살아가고 싶은데 어떻게 하면 이런 삶을 살 수 있을까?"

이 사람의 고민에 뭐라고 답해 줄 것 같나요? 정말 이렇게 살아가기 위해 발버둥 치며 노력하는 사람이 있다면 굳이 어떤 조언을 더하기보다 그 사람을 위로해 주며 이렇게 말하진 않을까요?

"무슨 소리야. 너 지금도 너무 잘하고 있어. 아무나 그렇게 살지 못해. 내가 봐도 지금의 너는 정말 존경스러워. 그러니 너무 그런 걱정하지 마. 지금처럼만 하면 앞으로 훨씬 더 잘할 수 있을 거야."

그런데 이 이야기를 옆에서 듣고 있던 다른 한 친구가 불쑥 말합니다.

"야, 내가 들어 보니까 너는 다시 태어나는 것 말고는 답이 없는 거 같다."

아무리 겸손하고 착한 사람이라도 이런 말을 듣고 불쾌하지 않을 사람은 아무도 없을 겁니다. 곁에서 이 말을 듣고 있던 사람조차 "너는 무슨 말을 그렇게 하니!"라고 화내도 전혀 이상하지 않겠죠.

그런데 2천 년 전 예수님이 한 사람을 향해 이와 비슷한 말씀을 하십니다. 사회적으로 사람들에게 존경받고, 겸손하며, 의로운 길을 추구하고 어떻게 하면 지금보다 더 나은 삶을 살 수 있을지 고민하고 있는 한 종교 지도자에게 예수님은 "다시 태어나는 것 말고 답이 없다"라고 말씀하시죠. 그것도 세 번씩이나요. 아무리 예수님이시지만 이건 좀 너무해 보이지 않나요? 겸손한 태도로 예수님을 찾아온 사람을 향해 이런 대답은 그를 너무 무시하는 행동이 아닌가요? 그것도 누구보다 사람들에게 무례한 대우를 많이 받아 본 예수님이 이 기분을 모를 리 없을 텐데 말이죠. 도대체 예수님은 왜 그에게 이런 말씀을 하신 걸까요?

요한복음 3장 1-15절의 내용만 보면 도대체 어떤 말이 오가고 있는지 알쏭달쏭하기만 한 예수님과 니고데모의 대화를 이해하기 위해서는, 먼저 니고데모라는 사람에 대해 조금 더 살펴볼 필요가 있습니다. 요한복음 3장 1절은 니고데모에 대해 이렇게 설명합니다.

바리새파 사람 가운데 니고데모라는 사람이 있었다. 그는 유대 사람의 한 지도자였다(요 3:1).

성경에 따르면 니고데모는 당시 경건주의 운동을 하던 종교 지도자 그룹인 바리새인이면서 동시에 유대 사회의 지도자였습니다. 예수님 당시에 이스라엘은 71명으로 구성된 산헤드린 공의회라는 의결 그룹이 있었는데요, 니고데모는 이 산헤드린 공의회에 속해 있었습니다. 오늘날 우리나라로 치면 국회의원 정도라고 생각하시면 될 거 같네요. 그러니까 니고데모는 당시 경건운동을 하며 종교적, 윤리적, 도덕적으로 바르게 살아가기 위해 노력하는 사람이었고, 사회적으로도 높은 지위와 명성, 명예가 있는 사람이었습니다.

그런데 이런 니고데모가 예수님을 찾아와 어떤 자세를 취하고 있나요? 니고데모 정도의 배경이라면 충분히 자부심에 어깨가 으쓱 올라가 있을 법도 한데, 예수님께 질문하는 그의 모습을 보면 그렇지 않습니다. 그는 이제 갓 30대의 청년인 예수님에게, 그것도 당시 사회에서 내로라할 어떤 학벌도, 지위도, 좋은 배경도 없는 목수 출신에게 찾아가 겸손히 배우려는 자세를 취하고 있습니다. 니고데모는 오늘날로 쳐도 흔히 말하는 꼰대와는 거리가 먼 사람이었습니다. 당시 바리새인과 종교 지도자들 대부분이 출신과 배경, 학벌을 가지고 예수님을 무시하며 배척할 때도 니고데모만은 예수님을 쉽게 판단하려 하지 않았습니다. 오히려 그는 예수님을 향해 조심스럽고 겸손한 자세를 가지고 생각했습니다.

'저 예수라는 청년이 비록 출신도 학벌도 집안 배경도 너무나 보잘것없고 초라하지만, 그래도 저 예수에게는 뭔가가 있는 것 같아. 하나님이 그와 함께하시지 않으면 그가 하고 있는 일들은 쉽게 일어날 수 없어. 그러니 너무 성급하게 판단하지 말고 한번 그를 찾아가 대화를 나눠 보자. 어쩌면 지금 내가 고민하고 있는 문제에 대한 답을 이 예수라는 청년이 알려 줄 수 있을지도 몰라.'

# 당장의 해결이 절실한데
# 다시 태어나라니요?

이 사람이 밤에 예수께 와서 말하였다. "랍비님, 우리는, 선생님이 하나님께로부터 오신 분임을 압니다. 하나님께서 함께하지 않으시면, 선생님께서 행하시는 그런 표징들을, 아무도 행할 수 없습니다"(요 3:2).

어떻습니까? 종종 성경에 등장하는 종교 지도자들과 니고데모의 모습이 너무 달라 보이지 않나요? 굳이 당시 종교 지도자들과 비교하지 않아도, 오늘날에도 이런 사람이 있다면 충분히 존경할 만하고 배울 법한 모습이지 않을까요?

그렇게 니고데모는 자신의 동료들 모두가 무시하고 배척하던 청년 예수를 한밤중에 은밀히 찾아갑니다. 니고데모가 예수님을 밤에 찾아간 이유는 다른 사람들의 시선 때문이었습니다. 비록 그가 다른 종교 지도자보다 훨씬 겸손하고 열린 자세를 가지고 있었다고 해도 그에겐 자신이 속해 있던 그룹의 동료들이 배척하고 싫어하는 예수님을 대놓고 찾아갈 용기까지는 없었습니다. 그래서 그는 사람들의 시선을 피해 한밤중에 예수님을 찾아갑니다. (시대상을 생각해 본다면 이 정도는 이해해 줄 수 있지 않을까요?)

그런데 우리는 여기서 한 가지를 생각해 볼 수 있습니다. 그는 왜 이렇게까지 해서 예수님을 찾아갔을까요? 도대체 어떤 고민과 갈등이 있었기에 이런 행동을 했을까요? 우리는 앞으로 이어질 예수님과 니고데모와의 대화 속에서 그의 고민을 알 수 있습니다. 그런데 그전에 짚고 넘어가야 할 것이 있습니다. 성경은 도저히 해결되지 않는 고민과 갈등을 가지고 한밤중에 예수님을 찾아간 니고데모의 내면 또한 밤으로 표현한다는 사실입니다.

요한복음을 기록한 요한은 중요한 사건이나 이야기를 설명할 때 그 일이 언제 일어났는지를 매우 중요하게 다룹니다. 단순히 시간적 배경을 설명하기 위해서만 사용하지 않고 중요한 정보나 상징적 의미를 담는다는 것이죠. 예를 들어 사마리아 여인이 '정오'에 물을 뜨러 나왔다고 설명한 것과 같습니다. 그중에서도 요한복음은 '어둠이 짙은 밤'이라는 시간을 자주 사용하는데요. 이 '밤'과 '어둠'이라는 시간을 통해 요한은 우리가 살아가는 세상을 한 치 앞을 알 수 없고, 막막하며, 앞이 캄캄한 불안과 혼돈으로 표현하고자 했습니다.

니고데모의 이야기도 마찬가지입니다. 겉으로 보기엔 무엇 하나 부족한 것 없어 보이는 니고데모가 고민 가득한 얼굴로 한밤중에 예수님을 찾아왔다는 말에는 상당한 의미가 담겨 있습니다. 예수님을 찾아온 니고데모의 모습은 좋은 학벌, 높은 종교적 지위와, 명예, 사회적 인정과 부를 가지고 있던 그의 내면에도 남들은 알 수 없는 어두운 밤이 존재했다는 사실을 보여 줍니다.

오늘날에도 사람들은 종종 "내게도 어두운 과거가 있었어"라고 말합니다. 이때 '어두운 과거'는 대게 도덕적, 윤리적으로 문제를 안고 있던 삶이나 범죄 이력 혹은 과거의 부끄러운 행동 정도를 말하죠. 하지만 성경이 말하는 어둠은 그렇게 단순한 의미가 아닙니다. 성경이 말하는 어둠은 인생의 내일이 잘 그려지지 않고, 어떤 미래가 내 앞에 펼쳐질지 한 치 앞을 알 수 없는 막막한 우리 삶에 대한 이야기입니다.

어둠의 가장 큰 특징은 앞이 잘 보이지 않는다는 것입니다. 그래서 어둠 속에 있을 때 우리는 내가 지금 어디에 있고, 어디로 가고 있는지 모르며, 어디가 올바른 길인지 알지 못해 헤맵니다. 이렇게 앞이 보이지 않는 캄캄한 어둠 속에서 우리는 때로 길을 잘못 들기도 하고, 보이지 않는 장애물에 넘어져 상처를 입기도 합니다. 그래서 어둠 속에 있을 때 우리가 가장 많이 느끼는 감정은 막막함과 두려움, 불안함입니다. 어떤가요? 어둠 속에 있는 니고데모의 모습이 내일과 미래를 알지 못한 채 방황하고 넘어지며 좌충우돌하는 우리의 삶과 비슷해 보이지 않나요?

많은 사람이 불확실한 미래 앞에서 막막함과 불안함을 느낍니다. "우여곡절 끝에 여기까지 오긴 왔는데, 앞으로는 어떻게 살아야 할까? 어떤 선택이 후회 없는 선택일까?"라는 미래를 향한 막막함. 세상과 인생을 더 잘 살아 보고 싶은데 과연 그렇게 살 수 있을지에 대한 불안함. 내 인생인데 정작 내가 잘 모르는 혼란. 이게 오늘날에도 여전히 존재하는 '인생의 밤'입니다. 이런 인생의 밤은 윤리, 도덕적으로 착하게 산다고 해서 벗어날 수 있는 게 아닙니다. 공부를 많이 하고 지식을 많이 쌓는다고 해결되는 것도 아닙니다. 더 많은 돈을 벌고 사회적으로 높은 명성과 지위가 생긴다고 이 문제에서 자유롭지 않습니다. 사람이라면 모두 내 인생을 잘 모르고, 당장 내일 어떤 일이 찾아올지를 몰라 잠 못 이루고 고민하는 '인생의 어둠과 밤'이 존재합니다. 바로 이게 아무런 부족함도 없어 보이는 니고데모가 한밤중에 은밀히 예수님을 찾아온 이유였습니다. 겉으로 보기에는 그 어떤 부족함도 없는 화려한 사람 같았지만 정작 그의 내면은 어두운 밤 속에서 갈피를 잡지 못하고 있었습니다.

오늘 예수님은 이런 인생의 밤을 지나며 고민을 안고 찾아온 니고데모를 향해 말씀하십니다.

"내가 진정으로 진정으로 너에게 말한다. 누구든지 다시 나지 않으면, 하나님 나라를 볼 수 없다"(요 3:3).

그러나 여전히 니고데모를 향한 예수님의 말씀은 쉽게 이해가 되지 않습니다. 인생의 어두운 밤 속에서 고민을 안고 찾아온 사람에게 갑자기 다시 태어나야 한다니요? 이것은 당시 종교 지도자이며 지식층이었던 니고데모에게도 도저히 이해할 수 없는 말이었습니다. 그래서 그는 어리둥절한 표정으로 답합니다.

"사람이 늙었는데, 그가 어떻게 태어날 수 있겠습니까? 어
머니 뱃속에 다시 들어갔다가 태어날 수야 없지 않습니까?"
(요 3:4).

이렇게 의아해하는 니고데모를 향해 예수님은 종교 지도
자인 그가 잘 알고 있을 구약 성경의 한 부분을 인용하며 말
씀하십니다.

"내가 진정으로 진정으로 너에게 말한다. 누구든지 물과 성
령으로 나지 아니하면, 하나님 나라에 들어갈 수 없다"(요 3:5).

예수님은 '다시 태어나는 것이란 곧 물과 성령으로 나는
것이다'라고 말씀하시며 당시 종교 지도자였던 니고데모도
잘 알고 있었을 에스겔 선지자의 예언을 꺼내십니다. 과거 하
나님은 에스겔 선지자를 통해 바벨론의 포로로 살아가던 이
스라엘이 장차 포로에서 해방되는 회복을 경험할 것을 약속
하십니다. 그런데 이때 하나님이 약속하시는 이스라엘이 회
복되고 포로에서 해방될 날에 대한 묘사는 우리가 생각하는
해방의 이미지와는 조금 다릅니다. 흔히 우리는 포로에서 풀
려나 자유를 얻는다고 할 때 이런 모습을 상상합니다. 잃어버

린 땅을 되찾고, 빼앗긴 문화와 언어를 회복하며, 잃어버렸던 민족성을 다시 회복하고, 빼앗긴 주권을 돌려받는 것. 그렇죠? 그런데 하나님은 이스라엘에게 주실 회복을 말씀하시며 완전히 다른 말씀을 하십니다.

> 그리고 내가 너희에게 맑은 물을 뿌려서 너희를 정결하게 하며, 너희의 온갖 더러움과 너희가 우상들을 섬긴 모든 더러움을 깨끗하게 씻어 주며, 너희에게 새로운 마음을 주고 너희 속에 새로운 영을 넣어 주며, 너희 몸에서 돌같이 굳은 마음을 없애고 살갗처럼 부드러운 마음을 주며, 너희 속에 내 영을 두어, 너희가 나의 모든 율례대로 행동하게 하겠다. 그러면 너희가 내 모든 규례를 지키고 실천할 것이다(겔 36:25-27).

하나님은 이스라엘이 경험할 해방을 약속하며 겉으로 보이는 땅이나 민족성, 문화와 주권의 회복이 아니라 '마음의 회복'을 말씀하십니다. 왜 하나님은 상식적이고 누구나 생각하는 그런 해방의 모습이 아니라 마음을 가지고 이야기하셨을까요? 이유는 간단합니다. 이스라엘이 아무리 땅을 되찾고 빼앗긴 문화와 재산, 성읍들을 회복해도 그들의 마음이 삐뚤어져 있으면 다시 죄를 반복할 것이기 때문입니다. 만약 그렇게 되면 그들은 다시 하나님의 형벌을 피할 수 없었을 겁니다. 실제 이 일은 이미 이스라엘 역사 속에서 수없이 반복되어 왔고 에스겔 선지자 당시 이스라엘이 바벨론의 포로가 된 이유도 그들의 죄악에 따른 결과였습니다.

그래서 하나님은 에스겔을 통해 이스라엘의 해방으로 마음의 문제를 다루겠다고 말씀하신 겁니다. "너희는 겉으로 보이는 회복만을 꿈꾸며 당장 눈에 보이는 문제만 해결되면 괜찮을 거라고 생각하지만 그렇지 않다. 그런 것으로는 너희의 진정한 문제가 해결되지 않는다. 너희 마음이 왜곡되고 망가져 있다면 결국 문제는 다시 반복될 뿐이다. 나는 너희에게 참된 회복을 주기 원한다. 그래서 너희의 마음을 바꿀 것이다. 너희 마음을 새롭게 할 것이다"라고요.

바로 이게 예수님이 니고데모에게도 전해 주시고자 한 메시지였습니다.

## 더 훌륭해지고 더 선해져도
## 불안한 이유

어떤 분들은 니고데모의 이야기를 듣고 이런 질문을 할 수도 있습니다.

"그런데 니고데모는 이미 하나님의 뜻대로 잘 살고 있지 않나요? 그는 경건한 종교 지도자로 도덕적이고 윤리적인 삶을 살고 있고, 율법도 잘 지키며, 심지어 다른 사람들이 보잘 것 없다고 생각하는, 자신보다 어린 예수님을 찾아가 가르침을 청할 정도로 겸손한 마음까지 가지고 있잖아요. 그렇다면 니고데모는 이미 선하고 좋은 마음을 가지고 있는 것 아닌가요? 이런 그가 얼마나 더 좋은 마음을 가져야만 하는 거죠?"

"저는 이래서 기독교인으로 살아가는 게 너무 힘들어요. 기독교는 제게 불가능해 보이는 너무 높은 기준을 요구하는 것만 같아요. 아니, 니고데모처럼 훌륭한 사람도 안 된다면 도대체 나 같은 사람들은 어떻게 하라는 거예요? 저는 니고데모처럼 하기에도 충분히 벅차다고요."

바로 이게 오늘날 교회 안에서 착하고, 선하며, 봉사와 예배를 잘 드리고 나무랄 것 없는 신실한 그리스도인 같아 보이지만 여전히 거듭나지 않은 사람이 많은 이유입니다. 만약 니고데모에게 필요한 것이 단순히 더 도덕적이고, 더 율법적이며, 더 착해지고, 더 겸손해지는 것이었다면 예수님은 그에게 이렇게 말씀하셨을 것입니다.

"네가 다른 부분은 완벽하지만 아직 이 부분은 조금 부족하다. 그러니 여기서 더 노력하면 된다. 예배에 조금 더 정성을 쏟고, 어려운 이웃을 위해 봉사하는 시간을 조금만 더 늘리거라. 다른 건 다 좋다만 양보 부분이 부족하니 거기서 조금 더 노력한다면 완벽해질 수 있을 것 같구나."

하지만 예수님은 니고데모를 향해 그런 말씀을 하시지 않습니다. 예수님은 그의 부족한 부분이 무엇이고, 어떤 부분을 더 노력해야 하는지에 대해선 하나도 말씀하시지 않습니다. 심지어 그런 건 딱히 관심도 없어 보일 정도입니다. 예수님이 가장 관심이 있으신 건 그의 행동이 아니라 존재였습니다. 그래서 예수님은 분명하게 니고데모를 향해 말씀하십니다. "너는 다시 태어나야만 한다"라고요. 더 쉽게 말해 예수님은 이렇게 말씀하시는 것입니다.

"그동안 네가 살아온 노력, 열심, 선한 삶, 겸손, 좋은 율법 교사와 존경받는 지도자라는 것. 그것들 모두 다 소용없다. 너는 잘못된 길로 가고 있다. 너의 모든 것이 다시 새롭게 시작되어야 한다. 너는 완전히 새로운 존재가 되어야만 한다."

이걸 조금 더 이해하기 쉽게 예를 들어 볼까요? 예수님은 오늘날 대형교회의 담임 목사이며 기독교 안에서뿐만 아니라 세상에서도 존경받는 목사를 향해 이렇게 말하고 계신 것과 같습니다.

"네가 그동안 교회 안에서 존경받는 목사로 살아온 삶, 목사로서 말씀대로 살아 보려고 발버둥 치며 노력했던 모습, 예배를 지키고 열심히 기도했던 것들, 겸손하게 자신을 낮추었던 행동 등. 그것들은 다 아무 소용 없다. 그것이 너의 삶을 보장하지 않는다."

이렇게 이야기하니 지금 니고데모를 향한 예수님의 말씀이 얼마나 충격적이었을지 조금은 와 닿으시나요? 하지만 동시에 예수님이 무엇을 말씀하고 싶어 하시는 건지 더욱 헷갈리지는 않은가요? 아니, 이렇게 열심히 살아온 삶이 아무런 소용도 없다니요? 그럼 도대체 뭘 어떻게 하라는 건가요? 당시 니고데모가 겪었을 혼란도 비슷했습니다. 그래서 예수님은 이것을 조금 더 부연 설명하십니다.

"육에서 난 것은 육이요, 영에서 난 것은 영이다"(요 3:6).

이 말씀은 단순히 육은 세상에서의 삶, 영은 교회 안에서 하나님을 위해 살아가는 거룩한 삶이라는 이분법적인 뜻이 아닙니다. 동시에 이 말은 어떤 신비하고 종교적인 영적인 체험을 말하는 것도 아닙니다. 예수님은 니고데모가 무엇을 중심으로 살아가고 있는지 그의 내면의 중심에 대해서 이야기하고 계십니다. 오늘 니고데모는 분명 진실하고 정직한 고민을 가지고 예수님을 찾아왔습니다. 하지만 동시에 더 깊은 그의 내면 중심에는 이런 생각도 자리 잡고 있었습니다.

'나는 선한 율법교사로, 그리고 이스라엘의 지도자로 마땅히 더 모범적이고 훌륭한 사람이 되어야만 해. 다른 사람들에게 더 존경받는 존재가 되어야 해. 그래야 더 많은 사람을 도울 수 있고 하나님의 뜻에 따라 우리 민족을 잘 이끌어 갈 수 있어. 이를 위해서라면 언제든지 더 열린 마음과 겸손한 자세로 누구든 찾아가 배움을 요청할 수도 있어. 그게 모범적인 지도자로서의 마땅한 모습이니까.'

니고데모의 더 깊은 내면에 무엇이 자리 잡고 있는지 보이나요? 그는 자신의 정체성과 자랑을 선한 율법교사와 이스라엘의 훌륭한 지도자라는 것에서 찾으려 하고 있었습니다. 이게 왜 잘못이냐고요? 물론 이스라엘의 훌륭한 지도자와 선한 율법교사로 살아가는 것이 죄는 아닙니다. 그건 인생에서 너무나 중요한 부분이죠. 하지만 문제는 이스라엘의 훌륭한 지도자와 선한 율법교사는 니고데모의 삶을 완벽하고 영원하게 비춰 줄 수 있는 빛이 되기엔 부족했다는 것입니다. 아무리 니고데모가 더 훌륭한 지도자가 되고, 선한 율법교사로 살아간다 해도 그것으로 그는 인생에 대한 막막함과 미래에 대한 불안함에서 벗어날 수 없었습니다. 오히려 니고데모가 자신의 정체성을 선한 율법교사와 존경받는 지도자라는 것에서 찾으려 할 때마다 그의 삶에는 또 다른 그늘이 찾아왔습니다. 마치 이와 같습니다. 우리가 "나는 좋은 크리스천으로 다른 사람보다 더 선하고 도덕적으로 살아가는 사람이야"라는 것을 자랑스러워하고 그것을 정체성으로 삼는다고 해 봅시다. 그럴 때 우리 내면의 다른 한쪽에는 이런 그늘이 동시에 찾아옵니다.

"만약 내가 조금이라도 실수하거나 다른 사람에게 실망스러운 모습을 보인다면 좋은 크리스천으로 지금까지 쌓아 올린 이미지가 무너지며 하나님의 얼굴에 먹칠할 수 있어. 그러니 나는 결코 실수하거나, 다른 사람에게 실망스러운 모습을 보여 줘선 안 돼."

물론 이런 생각 자체가 나쁜 건 아닙니다. 오히려 너무나 선하고 좋은 생각이죠. 하지만 이런 생각은 동시에 우리를 두렵고 불안하게 만들 수밖에 없습니다. 내가 조금만 실수하거나, 잘못하면 좋은 크리스천이 될 수 없다는 두려움과 불안함이 끊임없이 우리를 몰아세우고 괴롭히는 것이지요. 우리는 나의 부족하고 연약한 부분을 감추기 위해 계속 가면을 써야만 합니다. 무슨 일이 일어나는지 보이시나요? "나는 선하고 좋은 크리스천이야"라는 것을 가장 자랑스러운 나의 정체성으로 삼을 때 그것은 오히려 우리 내면에 더 짙은 그늘을 만들어 냅니다. 바로 이게 우리가 육의 것(복음이 아닌 다른 것들)에서 나의 정체성을 찾으려 할 때 일어나는 일입니다.

이처럼 직장을 나의 정체성으로 삼을 때, 연인을 나의 정체성으로 삼을 때, 학벌을, 배우자와 자녀를, 돈과 명예와 사람들의 인정과 시선을 나의 정체성으로 삼을 때 우리의 내면에는 "이것이 흔들리거나 무너지면 내 인생의 의미와 가치도 함께 사라질 거야"라는 불안함과 두려움이라는 어둠이 찾아옵니다. 마찬가지로 오늘 니고데모 또한 '선한 종교 지도자와 존경받는 율법교사'를 자신의 정체성으로 삼을 때 끊임없이 불안했고, 불안정했으며, 어떻게 하면 자신의 정체성을 더 견고하게 유지할 수 있을지 고민할 수밖에 없었습니다.

그러나 그것들은 결코 니고데모가 온전히 의지하거나 자신을 세울 수 있을 만큼 견고하지 않았습니다. 결국 여기서 오는 불안함 때문에 그는 예수님을 찾아가 "제가 여기서 어떤 것을 더 해야 합니까? 무슨 노력을 더 해야 이 불안함과 막막함에서 벗어날 수 있습니까?"를 묻게 되었습니다. 오늘 이런 니고데모를 향해 예수님은 말씀하십니다.

"무엇을 더 하는지가 진정한 해결책이 아니다. 너의 존재가 다시 새롭게 바뀌어야 한다. 너의 뿌리를 송두리째 옮겨야 한다."

## 인생이라는 배를
## 좀 더 잘 운전하는 비결

예수님은 이와 같은 변화를 바람으로 설명하십니다. 바람의 특징을 살펴볼까요? 첫째로, 바람은 힘이 셉니다. 성경에서 종종 바람은 매우 위험한 자연 현상으로 등장합니다. 실제 예수님과 제자들은 바다 한가운데에서 커다란 풍랑을 만나 배가 뒤집힐 것 같은 위기에 봉착합니다. 이게 바람의 힘입니다. 여름만 되면 우리나라에 찾아오는 거대한 태풍만 봐도 쉽게 알 수 있습니다. 때로 거센 태풍은 산 전체를 헤집어 놓고, 거대한 나무를 뿌리 채 뽑아 버리기도 합니다.

하나님이 우리 내면에 찾아오실 때 일어나는 일도 이와

같습니다. 하나님이 우리 인생에 깊숙이 찾아오실 때 우리 내면에는 때로 거대한 폭풍우가 몰아치기 시작합니다. 그리고 이 폭풍은 우리 내면을 완전히 뒤집어 놓습니다. 그동안 내가 살아왔던 삶의 방식, 생각, 가치관, 사고, 자랑으로 여겼던 것, 나 정도면 그래도 좋은 사람이고, 문제없다고 생각했던 것들을 뿌리부터 흔들기 시작하죠. 그래서 때로는 하나님 때문에 완전히 달라진 새로운 나를 만나기도 합니다. 그래서 팀 켈러는 이런 변화를 두고 이렇게 표현하기도 했습니다.

"우리가 그리스도인이 된다는 건 나의 선한 행동까지도 회개하는 것이다."

왜 하나님의 바람이 우리의 내면에 불어올 때 우리는 선한 행동까지도 회개할까요? 이유는 간단합니다. 내면이 거듭나면 지금까지의 모든 것들을 이전과 완전히 다르게 바라보기 시작하기 때문입니다. 심지어 '선함'의 기준까지도요. 그래서 그리스도인이 된다는 건 그동안 "이 정도면 충분히 선하고 좋아"라고 생각했던 내 선함의 기준까지도 완전히 바뀌기 시작하는 걸 의미합니다.

이쯤에서 특별히 어릴 때부터 교회를 잘 다녀 온 분들에게 한 가지 묻고 싶습니다. 여러분에게는 이런 변화가 있습니까? 내가 선하다고 생각했던 것들까지 회개한 적이 있습니까? 혹시 어릴 때부터 교회에서 자라고, 그래도 남들보다 착하게 살려고 노력했으며, (실제로 더 착하게 살았을 겁니다. 아주 조금더요.) 교회의 예배와 봉사를 빠지지 않고 충실히 신앙생활을 했다는 것으로 '나 정도면 충분히 선하고 괜찮다'고 생각하고 있진 않나요? 내가 열심히 교회를 다니고, 충실히 신앙생활했던 것들도 얼마든지 죄가 될 수 있다고 생각해 본 적이 있습니까? 그것들을 회개한 적이 있나요? 아직 그런 경험이 없다면 여러분의 내면은 그분의 바람으로 뒤집혀 진 적이 없을지도 모릅니다. 그렇다면 여러분에게도 하나님의 바람이 필요합니다.

둘째로, 바람은 내 마음대로 조종할 수 없습니다. 지금처럼 배에 모터가 없던 예수님 당시엔 배를 동작하는 두 가지 방법이 있었습니다. 하나는 사람이 직접 노를 젓는 것이고, 두 번째는 바람에 배를 맡기는 것이었습니다. 당연히 바람에 배를 맡기는 게 훨씬 더 효과적이고 빨랐으며 먼 바다를 건널 수 있는 좋은 방법이었죠. 하지만 문제는 내 노력에 따라 바람을 조종하거나 불어오게 할 수 없다는 겁니다. 바람은 아무리 내가 간절히 기도한다고 해서 불어 오지 않습니다. 내가 선한 행동을 많이 한다고 해서 불어오지도 않습니다. 내가 어떤 제물을 바치고 예배를 잘 드린다고 해서 불어오지도 않습니다. 우리는 바람을 향해 "내가 이렇게 했으니 이런 바람이 불어야만 해"라고 말할 수 없습니다.

하나님이 창조하신 바람도 이런데 어떻게 우리가 하나님을 조종할 수 있죠? 바람도 내 마음대로 어쩌지 못하면서 하나님은 내가 원하는 대로 해 줘야 한다고 생각한다는 것은 더욱 말이 안 됩니다. 그럼에도 사람들은 너무 쉽게 자신이 하나님을 조종할 수 있다고 착각합니다. 물론 사람들이 대놓고 하나님을 조종해 보겠다고 나서지는 않겠지요. 대신 하나님이 내 생각과 기도대로 상황을 만들어 주시지 않을 때 그것에 분노하며 화를 내는 것은 왜입니까? 어떤 사람들은 "그동안 내가 신앙생활을 하며 하나님을 위해 한 게 있는데, 이 정도도 해 주시지 않아?"라고 말하며 교회를 떠납니다. 이것은 마치 바람을 향해 "내가 착하게 살았으니 왼쪽으로 불어 줘야 해!"라고 말하는 것과 크게 다를 게 없습니다!

하나님은 우리에게 조종당하시지 않습니다. 그분은 우리가 다룰 수 없습니다. 그래서 오늘 예수님은 니고데모를 향해 성령으로 거듭난다는 것이 이와 같다고 말씀하십니다. 다시 태어난다는 건 마치 망망대해에서 언제 불어올지 모르는 바람에 배를 맡기는 것처럼 인생이라는 배를 하나님께 맡기는 것입니다.

만약 하나님이라는 바람이 없다면 우리는 온전히 내 힘으로 인생이라는 배의 노를 저어야 합니다. 혹시 노를 저어 본 경험이 있습니까? 노질까지는 아니더라도 오리보트 패달 한 번쯤은 밟아 본 적이 있을 겁니다. 멀리서 볼 때는 재밌어 보이지만 막상 패달을 밟아 보면 굉장히 힘듭니다. 5분만 밟아도 힘이 빠지죠. 조그마한 호수에서 오리보트를 움직이는 것도 그렇게 힘든데 인생이라는 배를 온전히 내 힘으로 저어야 한다면요? 당연히 쉽게 지치고 탈진할 수밖에 없습니다. 다시 태어난다는 건 이 사실을 인정하는 것에서부터 시작합니다. "내 힘만으로는 인생이라는 배를 노 젓고 살 수 없겠구나. 내 힘은 인생이라는 배를 움직이기 턱없이 부족하구나"라는 걸 인정해야만 하죠.

네, 맞습니다. 다시 태어난다는 것은 내 인생이란 배를 잘 운전해 성공적으로 항해하기 위해서는 하나님이란 바람이 필요하다는 걸 고백하는 것입니다.

"하나님, 거대한 바다 위에 떠 있는 내 인생이라는 배를 제 힘으로 컨트롤하기에 저는 너무나 연약합니다. 저는 그럴 능력이 없습니다. 그렇게 하려 할 때 저는 결국 지치고 탈진할 수밖에 없습니다. 제 인생의 배를 하나님이라는 바람에 맡기기 원합니다. 비록 바람이 언제 어떤 방식으로 불어올지 저는 알 수 없고 다룰 수도 없지만, 그럼에도 모든 것을 당신께 맡기겠습니다. 제 인생에는 당신이라는 바람이 필요합니다."

이게 우리가 다시 태어날 때 해야 하는 고백입니다.

마지막으로, 바람은 때로 거센 폭풍처럼 불기도 하고, 머리카락을 흩날리는 선선한 바람으로 불기도 하며, 때로 아주 미세한 산들바람으로 불어오기도 합니다. 그러나 분명한 건 바람이 불 때 우리는 그것을 느끼고 알 수 있다는 것입니다. 거듭나는 것도 마찬가지입니다. 누군가는 거센 풍랑이 부는 것처럼 한순간에 하나님을 만나 내면이 거듭난다면, 누군가는 적당한 바람이 부는 것처럼 일정한 시간 속에서 서서히 거듭나기도 합니다. 또 누군가는 나에게 변화가 일어나고 있다는 게 딱히 느껴지지 않았지만, 어느 날 나도 모르는 사이에 하나님을 향해 마음이 부드러워져 있고 그분을 대하는 자세와 생각이 바뀌어 있었다는 걸 깨닫곤 합니다. 이 모든 것이 겉으로 보이는 속도와 모습은 다르지만 그럼에도 다시 태어날 때 우리에게 나타나는 모습입니다.

무엇으로 다시 태어났다는 걸 알 수 있죠? 예배에 빠지지 않아서요? 더 착하고 도덕적인 삶을 살고 있어서요? 교회에서 열심히 봉사하며 더 많은 시간을 할애해서요? 아니요. 변화의 중심엔 행동이 아니라 하나님을 대하는 우리의 내면에 있습니다. 하나님을 생각하고 그분을 대하는 우리의 마음에 분명한 변화가 생긴 것이죠. 나도 모르게 어느새 하나님과 신앙을 향한 고민을 시작하고 있는 것. 바로 이게 우리에게 거듭남이라는 바람이 불어올 때 일어나는 일입니다. 그런데 이 이야기를 들은 니고데모는 또 다른 궁금증을 가지고 예수님을 향해 묻습니다.

"어떻게 이런 일이 있을 수 있습니까?"(요 3:9).

이 말은 다른 말로 하면 "어떻게 하면 선생님이 말씀하신 그런 경험을 할 수 있습니까? 어떻게 하면 그렇게 다시 태어날 수 있습니까?"라는 질문입니다.

## 십자가를 바라본다는 건
## 불쾌한 일이다

어떻게 다시 태어날 수 있는지를 묻는 니고데모의 질문에 예수님은 과거 이스라엘이 광야에서 경험한 놋뱀 사건을 말씀하십니다. 과거 하나님은 이집트의 노예로 4백 년 동안 종살이하던 이스라엘을 자유민으로 풀어 주시고 하나님이 약속한 땅으로 인도하십니다. 그런데 이스라엘은 이집트의 노예로 풀려나 하나님이 약속하신 땅으로 가는 길목 길목마다 끊임없이 하나님을 향해 불평과 불만을 털어놓습니다.

"목이 마른데 물이 없습니다."

"배가 고픕니다. 고기 좀 주세요."

"너무 덥습니다."

"너무 춥습니다."

"도대체 우리에게 왜 이것밖에 안 해 줍니까!"

그렇게 끊임없이 하나님을 원망하던 이스라엘은 결국 이렇게까지 말하기 시작합니다.

"차라리 노예로 살 때가 나았습니다. 다시 노예로 돌아가겠습니다."

결국 이런 이스라엘의 완악하고 패씸한 모습에 분노하신 하나님은 광야에서 불뱀을 보내 그들을 심판하십니다. 하지만 이것은 단순히 이스라엘을 멸망시키기 위해서가 아니었습니다. 당장 눈에 보이는 불편함 때문에 다시 이집트의 노예로 돌아가겠다는 그들의 선택이 얼마나 위험하고 바보 같은 짓인지를 알게 하기 위한 경고였죠. 결국 이스라엘은 불뱀에 물려 죽어 가는 위기 속에서 자신들의 잘못을 회개합니다.

그러자 하나님은 독사에 물린 그들이 살 수 있는 방법을 한 가지 알려 주십니다. 놋으로 불뱀의 형상을 만들어 막대기 위에 달아 놓고 그 뱀을 바라만 보면 살 수 있다는 것이었습니다. 너무 황당하고 이상한 명령 아닌가요? 막대기 위에 달린 놋으로 만든 뱀을 보면 산다니요. 하지만 다른 한편으로 이것은 너무나 쉽고 간단한 일이었습니다. 그냥 고개를 들어 바라보기만 하면 되니까요. 이 일은 연약한 아이도, 기력이 없는 노인도, 불뱀에게 물려 죽어 가는 사람도 누구나 어렵지 않게 할 수 있는 일이었습니다.

하지만 이것은 굉장히 불편하고 불쾌한 일이기도 했습니다. 자신들을 물어 죽이고 있는 뱀을 바라봐야 한다니요? 이 뱀을 바라볼 때 이스라엘은 자신들의 수치가 드러나는 것 같은 불쾌감과 찝찝함을 느꼈을 게 분명합니다. 그런데 예수님은 이 놋뱀 사건을 이야기하시면서 니고데모에게 말씀하십니다.

"광야에서 막대기에 매달린 놋뱀처럼 나도 곧 막대기에 매달릴 것이다."

과거 불뱀에 물려 죽어 가던 이스라엘에게 자신들을 물고 죽이는 놋뱀을 쳐다보는 일이 불쾌하고 불편했던 것처럼, 2천 년 전 이스라엘 사람들에게 십자가는 굉장히 불쾌한 형벌이었습니다. 나무에 매달린 채 천천히 사람을 말려 죽이는 십자가 형벌은 당시에 로마의 잔혹함을 보여 주는 상징이자, 이스라엘이 로마의 지배 아래 있다는 것을 깨닫게 하는 치욕의 상징이었습니다. 게다가 구약의 율법에 따르면 나무에 매달리는 것은 하나님께 저주를 받았다는 상징이기도 했죠. 십자가 형벌이 이루어지던 골고다 언덕에서는 항상 사람들의 비명 소리와 피비린내가 끊이지 않았고 당시 사람들에게 이 십자가는 불쾌하고 불편한 막대기였습니다. 그런데 오늘 예수님은 자신이 머지않은 미래에 이 십자가에 달릴 것이라고 말씀하십니다. 도대체 예수님은 무엇을 말씀하고 싶으셨던 걸까요?

"광야에서 막대기에 달린 놋뱀이 하나님을 향한 이스라엘의 죄악을 생각나게 한 것처럼, 십자가도 마찬가지다. 너희가 내가 매달린 십자가를 바라본다는 것은 곧 '나는 죄악으로 가득하고 더러우며, 그 어떤 선한 행동이나 종교적인 삶, 열심으로도 하나님께 받아들여지기엔 턱없이 부족한 죄인'이라는 사실을 인정하는 것이다. 하지만 내가 그런 너희를 위해 형벌을 받았다. 내가 그런 너희를 구원하기 위해 십자가에서 저주를 받았다. 이런 내가 있기에 너희는 더 이상 자신의 죄악과 더러움을 숨기지 않아도 된다. 너희의 수치와 부끄러움을 감추지 않아도 된다. 십자가는 너희 마음에 숨겨져 있는 어두움과 죄를 드러내며 너희를 불쾌하게 할 것이다. 그러나 십자가는 동시에 너희가 그 모든 것으로부터 완전히 용서받았다는 놀라운 은혜도 깨닫게 할 것이다. 완전히 사랑받고 완전히 용서받은 죄인, 이것이 너희의 새로운 정체성이다. 너희를 대신해 십자가 위에 매달린 나를 바라볼 때 너희는 이 새로운 정체성을 얻을 수 있다."

오늘 성경은 예수님의 이 말씀에 니고데모가 어떤 반응을 보였는지에 대해서는 말하지 않습니다. 니고데모는 과연 예수님과의 만남을 통해 변화되고 거듭났을까요? 오늘 말씀 이후에 보이지 않았던 그는 예수님이 십자가에 달려 죽은 후인 요한복음 19장에서 다시 등장합니다. 그리고 여기서 그는 아리마대 사람 요셉과 함께 예수님의 장례를 치릅니다. 심지어 사람들의 시선을 피해 한밤중에 몰래 예수님을 찾아왔던 그가 예수님의 장례를 치를 때는 사람들의 시선을 전혀 신경 쓰지 않습니다. 그에게 어떤 변화가 일어났는지 보이시나요?

니고데모는 분명 더 담대해졌습니다. 그는 자신이 예수님의 추종자라는 사실을 드러내는 걸 아랑곳하지 않았습니다.

이런 행동은 그동안 니고데모가 중요하게 여겨왔던 '이스라엘의 율법교사와 존경받는 지도자'라는 명예에 치명적인 손해를 끼칠 수 있는 행동이었지만 그는 더 이상 그런 것에 신경 쓰지 않았습니다. 그는 분명 처음 예수님을 찾아왔을 때와는 다른 새로운 사람이 되어 있었습니다. 그는 더 이상 자신의 정체성을 선한 교사와 존경받는 시노자에서 찾지 않았습니다. 그는 예수님을 통해 사람들의 시선과 평가에 흔들리지 않고, 내가 어떤 사람인지를 크게 신경 쓰지 않는 견고하고 새로운 정체성을 발견했습니다. 그의 내면이 새롭게 태어난 것이죠. 어떻게 이런 일이 일어났을까요? 성경은 여기에 대한 이유를 자세히 말하지 않습니다. 그럼에도 한 가지 분명한 것은 그가 십자가에 달린 예수님을 바라봤다는 사실입니다. 그는 십자가에 달리신 예수님이 자신이 받아야 할 모든 수치와 평가와 부끄러움과 죗값을 대신 받은 하나님이라는 사실을 고백할 수 있었습니다. 그리고 이 사실은 드디어 니고데모를 밝은 빛 가운데로 나가게 해 주었습니다.

자신을 대신해 모든 대가를 치르신 십자가의 예수님을 바라보며 그는 자신이 부족하고 못나고 연약함에도 불구하고 완전히 받아들여진 용서받은 죄인이라는 견고하고 흔들리지 않은 정체성을 발견할 수 있었습니다. 그리고 이 정체성은 니고데모를 어둠에서 밝은 빛으로 이끌어 주었습니다. 그는 더이상 사람들의 시선과 평가라는 두려움 때문에 자신을 숨기거나 가면을 쓰지 않아도 괜찮았습니다. 예수님의 십자가를 통해 그는 죄인이지만 사랑받았고, 부족하지만 받아들여졌으며, 실수하지만 결코 실패는 하지 않는 견고한 정체성을 얻을 수 있었습니다. 그리고 이 새로운 정체성은 그를 선하면서도 담대하게 했고, 겸손하면서도 당당하게 했으며, 높은 지위를 가지고 있으면서도 다른 사람을 위해 얼마든지 그것을 포기할 수 있는 사람으로 만들어 줬습니다.

십자가가 아닌 다른 것에서 내 정체성을 찾으려 할 때 우리는 언제 그것이 사라지거나 무너질지 모른다는 불안함과 막막함에 시달릴 수밖에 없습니다. 그리고 이 불안함과 막막함은 필연적으로 우리 삶에 그늘을 만들고 나를 어둠 속 깊은 곳으로 숨게 만듭니다. 하지만 예수님 앞에서 우리는 더 이상 나를 숨길 필요가 없습니다. 한편으로 이는 불쾌한 일입니다. 나를 숨길 필요가 없다는 건 동시에 나의 수치와 부끄러움과 죄악과 연약함을 인정하는 일이기도 하거든요. 그럼에도 십자가를 바라볼 수 있다면, 예수님이 이런 나를 위해 기꺼이 자신을 희생했다는 사실을 바라볼 수 있다면, 예수님이 나의 연약함과 부족함에도 나를 있는 그대로 사랑하고 받아

주었다는 사실을 안다면, 우리는 비로소 그 어떤 것에도 흔들리지 않는 견고하고 새로운 정체성을 발견할 수 있습니다.

이런 견고한 정체성을 가지고 있는 사람은 때로는 기꺼이 자신의 연약함을 고백하며 다른 사람과 진실한 관계를 맺을 수 있고, 때로는 먼저 용기 내어 용서를 빌며, 얼마든지 다른 사람을 섬기기 위해 낮아질 수 있습니다. 또 이런 사람은 자신의 사회적 지위와 명예와 체면 같은 것에 크게 연연하지 않고 진심으로 누군가를 위해 자신을 희생할 수 있습니다. 마치 존경받는 교사이자 사회 지도층이었던 니고데모가 당시 종들이나 했던 예수님의 장례를 직접 치렀던 것처럼요.

이런 견고한 정체성이 필요하지 않습니까? 내가 무엇을 이루었고, 어떤 자리에 있으며, 얼마나 성공을 거두었냐에 따라, 사람들의 평가에 따라 끊임없이 흔들리고, 이것이 언제 사라질지 몰라 어둠 속에서 불안해하고 두려워하는 정체성이 아니라, 그 어떤 것에도 흔들리지 않고 견고할 수 있는 참된 정체성이 필요하진 않은가요? 어떻게 이런 정체성을 얻을 수 있냐고요?

십자가를 바라보기를 바랍니다. 예수님을 바라보기를 바랍니다. 그분이 우리를 존재 자체로 얼마나 사랑했는지 기억하기를 바랍니다. 그분이 우리의 내면을 거듭나게 하실 것입니다. 하나님이라는 바람에 내 인생의 키를 맡기기 바랍니다. 그분이 우리 인생의 배를 가장 선한 곳으로 이끄실 것입니다.

불안을 지나는
당신을 위한 질문들

1. 현재 내가 가장 자랑스럽게 생각하고, 나를 돋보이게 만들어
   줄 거라 믿으며, 나의 가치를 결정한다고 여기는 것은 무엇인
   가요? 그것은 당신에게 어떤 영향을 미치나요?

2. 하나님 앞에서 쉽게 말하기 어려우며 내가 가장 숨기고 싶어하
   는 부분은 무엇인가요? 왜 그것을 고백하기 어려운가요?

3. 나의 노력과 성취를 통해 얻는 정체성은 결국 또 다른 어둠과
   그늘을 만들어 낸다는 말에 대해 어떻게 생각하나요? 이와 비
   슷한 경험을 한 적이 있나요?

4. 나의 삶에서 하나님의 '영적인 폭풍'을 경험한 적이 있나요? 그
   것이 당신의 삶을 어떻게 변화시켰나요?

5. '예수님의 십자가 앞에서' 견고한 정체성을 발견할 수 있다는
   말에 대해 어떻게 생각하나요? 그런 경험을 한 적이 있나요?

6장

# 길 잃은 인생에서
## 예수를 만나다

# 광야로 나온
# 사람들

내가 가는 이 길이 어디로 가는지

어디로 날 데려가는지 그곳은 어딘지

알 수 없지만 알 수 없지만 알 수 없지만

오늘도 난 걸어가고 있네

사람들은 길이 다 정해져 있는지

아니면 자기가 자신의 길을 만들어 가는지

알 수 없지만 알 수 없지만 알 수 없지만

이렇게 또 걸어가고 있네

나는 왜 이 길에 서있나 이게 정말 나의 길인가

이 길의 끝에서 내 꿈은 이뤄질까


무엇이 내게 정말 기쁨을 주는지

돈인지 명옌지 아니면 내가 사랑하는 사람들인지

알고 싶지만 알고 싶지만 알고 싶지만

아직도 답을 내릴 수 없네

자신 있게 나의 길이라고 말하고 싶고

그렇게 믿고 돌아보지 않고

후회도 하지 않고

걷고 싶지만 걷고 싶지만 걷고 싶지만

아직도 나는 자신이 없네


나는 왜 이 길에 서있나 이게 정말 나의 길인가

이 길의 끝에서 내 꿈은 이뤄질까


　　가수 god의 "길"이라는 노래의 가사입니다. 혹시 이 노래의 가사가 나의 이야기처럼 들리지는 않으신가요? 어쩌면 이 노래는 각자의 인생이라는 길 위에 서 있는 우리 모두의 이야기일지 모릅니다. 노래의 가사처럼 우리는 내 인생이라는 길

위에 있으면서도 정작 내가 지금 어떤 길에 서 있는지를 잘 모를 때가 많습니다. 그래서 우리는 종종 스스로에게 묻곤 합니다.

"나 지금 잘 살고 있는 걸까?"
"분명 이 길이 옳은 길인 줄 알았는데 아니었네. 앞으론 어떤 선택을 해야 하는 거지?"

이렇게 내 인생의 길을 걸어가면서도 정작 길을 몰라 헤매고 방황하는 우리의 삶을 보고 있으면 마치 광야와 같다고 생각합니다. 광활하고 끝이 보이지 않는 허허벌판에서 어디로든 갈 수 있지만, 정작 그 끝에 무엇이 있을지 몰라 어디로 가야 할지 모르는, 방향을 확신할 수 없는 광야처럼 우리 인생도 이와 비슷한 점이 많은 것 같습니다.

우리는 인생에서 나름 내가 원하는 길을 선택할 수 있고 지금까지도 여러 선택을 하며 살아왔습니다. 아마 앞으로도 수많은 선택을 하겠죠. 하지만 단순히 내가 원하는 길을 선택할 수 있다고 해서 행복하고 자유로운 삶을 사는 건 아닙니다. 우리는 모두 자유롭게 나의 길을 선택하지만 정작 내가 선택한 길의 끝에서 무엇이 날 기다리고 있을지 모를 때가 더 많습니다. 그래서일까요? 우리는 인생에서 분명 이 길이 맞다고 생각했는데 막상 옳은 길이 아니었다는 걸 경험할 때가 있습니다. 그리고 그런 순간이 올 때면 인생에서 길을 잃은 것 같은 느낌을 받곤 하죠. 바로 이런 점 때문에 수많은 문학 작가가 인생을 광야 혹은 사막으로 비유했는지도 모릅니다.

이처럼 광야는 우리에게 그렇게 반가운 장소가 아닙니다. 광야가 우리에게 보여 주는 이미지는 황량함과 막막함 그리고 방황입니다. 그런데 성경의 이야기에서 이 광야 한가운데에 약 만 명 이상의 사람이 모이는 상황이 등장합니다(마가복음 6:30-44). 도대체 무엇이 이 수많은 사람을 황량한 광야 한가운데로 모이게 했을까요?

> 그래서 그들은 배를 타고, 따로 외딴 곳으로 떠나갔다. 그런데 많은 사람이 이것을 보고, 그들인 줄 알고, 여러 마을에서 발걸음을 재촉하여 그 곳으로 함께 달려가서, 그들보다 먼저 그곳에 이르렀다(막 6:32-33).

대략 만 명이 넘는 사람들이 광야 한 가운데에 나와 있는 이유는 바로 예수님 때문이었습니다. 심지어 이들은 예수님 보다도 먼저 광야의 한 장소에 도착해 있었습니다. 도대체 이 사람들은 왜 예수님을 좇아 광야 한가운데까지 나온 걸까요?

이걸 이해하기 위해서는 당시 이스라엘이 처했던 역사적 상황을 알 필요가 있습니다. 예수님 당시 로마의 지배 아래 있던 이스라엘은 이미 수백 년 전부터 반복하여 다른 나라의 지배를 받아 왔습니다. 이건 그렇게 단순한 문제가 아닙니다. 그 나라의 고유한 언어와 문화, 규칙과 법률, 삶의 터전과 환경이 완전히 뒤바뀌는 것을 뜻합니다.

우리나라만 해도 일본에게 식민 지배를 받은 36년 동안 수많은 민족적 혼란과 아픔을 경험했고 지금도 여전히 그 흔적은 쉽게 지워지지 않는 흉터로 남아 있습니다. 그런데 이스라엘은 이런 지배를 수백 년 동안 그것도 여러 나라에게 번갈아 가며 받아 왔습니다. 이스라엘이 경험했을 혼란은 우리가 생각하는 것보다 훨씬 심했을 게 분명합니다. 무엇보다 이런 국가적 혼란 속에서 가장 많은 고통과 어려움을 경험했던 사람들은 힘없고 평범한 소시민들이었습니다. 이런 역사적 고통 속에서 당시 이스라엘 사람들은 하나님이 약속하신 메시아가 나타나 자신들을 구원해 주기를 더욱 간절히 소망했습니다.

이렇게 이스라엘의 메시아를 향한 기대가 점점 고조되고 있을 때 예수님이 역사의 한복판에 등장합니다. 예수님은 놀라운 기적과 함께 당시 사람들에게 너무나 신선하고 파격적인 여러 가르침을 전하셨습니다. 자연히 예수님에 대한 소문은 점점 더 이스라엘 전역으로 퍼졌고, 사람들의 관심이 집중되었습니다. 어느샌가 사람들 사이에서는 "그라면 하나님이 약속하신, 그리고 우리가 그토록 기다려 온 메시아가 아닐까?"라는 기대감이 커져 갔습니다. 그리고 이런 기대감을 가진 사람들이 예수님을 좇아 광야 한가운데까지 달려 나온 것입니다.

# 어떤 삶이든 우리는
# 목자를 원한다

성경은 예수님이 자신을 좇아 광야로 나온 사람들을 보고 '목자 없는 양'과 같이 여겼다고 표현합니다. 구약 성경에서 '목자 없는 양'은 참된 지도자를 잃어버린 채 방황하는 이스라엘을 묘사하는 단어로 쓰이곤 합니다. 예수님은 부푼 기대감을 안고 광야로 나온 사람들의 모습 속에서 자신들을 이끌어 줄 지도자를 갈망하는 마음을 보고 계셨습니다.

그런데 2천 년이 지난 지금도 현실은 크게 다르지 않은 것 같습니다. 비록 시대와 문화는 바뀌고 수많은 과학과 기술은 발달했지만, 여전히 사람들은 광야와 같은 세상에서 자신들을 더 나은 삶으로 이끌어 줄 누군가, 혹은 무엇인가를 기대하며 갈망하고 있지 않습니까?

2024년 7월 13일 당시 미국의 대선 후보였던 트럼프 대통령이 연설 중 총격을 당한 사건이 있었습니다. 이때 한 사진이 전 세계적으로 화제가 되었는데요. 2021년에 퓰리처 상을 받았던 에반 비치 기자가 찍은 사진으로, 자신을 감싸 안은 경호원들 사이에서 얼굴에 피를 흘린 채 손을 치켜들고 "파이트"라고 소리치는 트럼프의 모습이 담겨 있었습니다. 이런 그의 모습을 보며 그 자리에 있던 지지자들은 일어나 박수를 치고 환호를 외쳤고, 이후에 트럼프의 지지율은 급상승했습니다. 정치적인 이슈를 떠나서 왜 사람들은 이 같은 트럼프의 모습에 환호했을까요?

여러 복잡한 이유가 있겠지만 그럼에도 한 가지 분명한 사실은 지금도 여전히 많은 사람이 자신의 삶을 더 낫게 만들어 줄 강력하고 카리스마 있는 지도자를 염원한다는 사실입니다. 그래서 사람들은 오늘날에도 여전히 자신들이 꿈꾸는 세상을 만들어 줄 거라 믿는 지도자의 연설 현장으로 몰려가 그의 이름을 외치며 열광하곤 합니다. 어떻습니까? 마치 예수님을 좇아 광야로 나온 사람들의 모습과 비슷하지 않나요?

오늘날 사람들이 자신의 삶을 더 낫게 해줄 거라고 믿는 대상이 정치 지도자뿐만은 아닙니다. 사람들은 꼭 어떤 정치 지도자나 사람이 아니어도 나의 인생과 세상을 더 낫게 만들어 줄 다른 무엇인가를 좇으며 살아갑니다. 누군가는 더 많은 돈이, 누군가는 더 안정적인 직업이, 누군가는 더 높은 학벌과 사회적 지위가 자신의 삶을 더 낫게 만들어 줄 것이라고 믿지요. 유명 강사들과 인문학자들의 강연과 책을 멘토로 삼으며 그것이 내 삶을 더 낫게 해줄 거라 믿기도 합니다. 오해하지 마세요. 저는 지금 이런 것들이 다 잘못되었고 틀렸으며 '오직 성경과 하나님만 믿고 따르면 된다'고 말하고 싶은 것이 아닙니다. 이 문제는 그렇게 단순하지 않습니다. 오히려 우리가 생각해 봐야 하는 것은 이것입니다.

'왜 우리는 내 삶을 더 낫게 만들어 줄 누군가, 혹은 무엇인가를 필요로 할까? 왜 우리는 다른 누군가에게 무엇인가를 기대하며 바랄까?'

흔히 사람들은 "내 인생의 주인은 나야. 그러니 모든 건 내가 원하는 대로, 내가 하고 싶은 대로 결정할 거야"라고 말합니다. 그런데 정작 어떤 중요한 선택의 순간이 올 때 뭘 하나요? 자신의 멘토나 인생의 선배를 찾아가 묻습니다. 혹은 친구의 조언을 듣습니다. 꼭 대단한 선택이 아니더라도 "오늘 뭐 먹지?"라거나 "어떤 옷이 더 잘 어울리지?" 같은 사소한 결정조차 잘 못 합니다. 주변 사람에게 물어보며 다른 사람의 영향을 받습니다. 이런 모습을 보고 있으면 마치 우리가 애당초 혼자서만 사는 존재로 만들어진 것 같지 않습니다. 오히려 우리는 나보다 더 믿음직스럽고 더 나은 존재를 닮고 싶어 하고, 따르며, 동경하도록 창조되었다는 말이 더 현실적인 것 같습니다. 왜 그럴까요? 성경은 그 이유를 두고 우리가 모두 참된 목자인 하나님을 통해 창조된 존재이기 때문이라고 말합니다.

사실 오랜 시간 인류는 자신의 삶을 인도하고 이끌어 줄 목자가 필요하다는 것에 별다른 반발감을 가지지 않았습니다. 과거 사람들은 자신들이 부족하고 연약하다는 사실을 큰 불편함 없이 인정했고, 더 나은 사람이 되기 위해서는 다른 누군가의 도움이 필요하다는 사실을 그리 어렵지 않게 받아들였습니다. 그리고 종교가 여기에 중요한 역할을 감당했죠.

하지만 과학이 발달하면서 사람들은 종교 같은 건 모두 환상과 신화에 불과하다고 믿기 시작했습니다. 세상에서 신, 목자라는 항목을 지우고 내가 목자가 되면 더 자유롭고 행복한 삶을 살 수 있을 거라 생각한 것이지요. 그렇게 사람들은 점점 내 인생의 목자는 오직 나라고 믿으며 초월적이고 영적인 세상을 부정하고, 인생에서 하나님이라는 존재를 지워 버렸습니다. 그렇다면 그동안 자신을 억압하고 속박한다고 생각했던 신이 사라지자 사람들은 더 행복해졌을까요? 아니요. 신이 사라지자 그 자리에 오직 '물질'과 '나'만 남아 버렸습니다. 이 세상에서 사람들은 더욱 큰 공허함과 의미 없음을 경험하기 시작했습니다.

한번 우리가 살아가는 사회를 생각해 봅시다. 오늘날 사람들은 굳이 종교를 필요로 하지 않습니다. 점점 더 우리 사회에서 종교와 신의 역할이 작아지고 있습니다. 기껏해야 사람들에게 종교와 신은 내 마음을 편안하게 해 주고, 나를 도와주는 분 정도로 인식되고 있습니다. 그런데, 그만큼 세상이 더 행복해졌나요? 아니요. 하나님의 자리가 사라진 세상에서 사람들은 더 많은 문제와 갈등, 심리적 압박과 냉소주의를 경험하고 있습니다. 급기야 마음의 병을 앓기 시작했습니다. 역사상 종교의 역할이 가장 적어지는 현대 사회에서 사람들은 역사상 가장 많은 정신적 질병과 마음의 병을 경험하는 중입니다. 왜 그럴까요? 그동안 우리를 옭아매고 불편하게 한다고 생각한 하나님을 지워 버리고 내가 스스로 인생의 목자가 되었는데 왜 정작 인생과 세상은 더 혼란스러워졌을까요?

어쩌면 이건 그다지 이상한 일이 아닐지 모릅니다. 그 어떤 것도 우리의 진정한 목자가 될 순 없으니까요. 나 자신을 포함해서요!

현대 사람들은 하나님이란 목자가 사라진 자리에 과학이라는 목자를 놓기도 합니다. 하지만 과학은 우리의 참된 목자가 되기엔 한계가 있습니다. 서울대학교 생물학과 교수였던 최재천 교수님은 한 수업에서 "과학적으로 볼 때 삶은 아무런 의미가 없다"고 말했습니다. 그런데 수업을 마치고 나자 수많은 학생이 어두운 얼굴을 한 채 최 교수님을 찾아와 물었다고 합니다.

"교수님, 그렇다면 저는 앞으로 도대체 무엇을 위해 살아야 하죠? 어차피 삶에 아무런 의미도 없는데 무엇인가를 위해 인생에 계획을 세우고 더 노력할 이유가 있나요?"

이처럼 과학은 우리가 살아가는 세상의 어떤 원인과 결과를 설명해 줄 수 있을진 몰라도 삶의 의미를 알려 줄 순 없습니다. 삶의 의미가 과학적이지 않아서일까요? 그렇지 않지요. 삶의 의미는 과학의 영역이 아니기 때문입니다. 삶의 의미와 목적은 과학으로 밝혀내고 증명할 수 있는 문제가 아닙니다. 결국 이런 과학을 유일한 목자로 두자 세상에 남은 유일한 진리는 우리가 그저 우주의 먼지에 불과하다는 사실이었습니다. 하지만 우리는 결코 그렇게 인생을 살 수 없습니다. 그 누구도 내가 먼지라는 생각을 가지고 인생을 살아가지 않습니다. 심지어 삶에는 아무런 의미가 없다고 말하는 사람들조차도 정작 의미 없는 인생을 살아가지 못합니다.

그래서 사람들은 어떻게 하면 인생을 더 의미 있게 살 수 있을지, 어떤 길이 자신에게 맞는 길인지를 고민하며 누군가가 여기에 대해 답해 주기를 원합니다. 여전히 인생이라는 허허벌판의 광야 속에서 나의 삶을 인도해 줄 어떤 목자를 찾고 있습니다. 바로 이게 오늘날에도 여전히 목자를 잃어버린 채 인생이라는 광야에 나와 있는 우리의 모습입니다.

왜 우리는 누군가가 나를 향해 "너 지금 잘하고 있어. 맞는 길을 가고 있어"라고 말해 줄 때 더 안정감을 느끼고 큰 힘을 얻을까요? 왜 우리는 나를 향한 다른 누군가의 지지와 응원을 통해 힘들고 어려운 시간을 더 버틸 수 있는 힘을 얻을까요? 여러분은 누구를 통해, 무엇을 통해, 어디에서 이런 지지와 응원을 듣고 싶은가요? 그게 무엇이든 분명한 건 우리에겐 모두 목자가 필요하다는 사실입니다.

# 가르치시는
# 목자

예수님은 이런 우리를 위해 참된 목자로 세상에 오셨습니다. 하지만 예수님은 참된 목자를 기대하는 사람들을 열광시키며 "파이트"라고 외치는 분이 아닙니다. 예수님은 자신을 좇아 광야로 나온 사람들을 향해 "나를 따르라"고 하지도 않으십니다. 오히려 성경은 예수님이 자신을 좇아 광야로 나온 수많은 사람을 보고는 '불쌍히 여겼다'고 말합니다.

이 말은 단순히 우리가 불우한 이웃과 고통받는 사람을 보며 그들을 '가엾게' 여기는 것과는 전혀 다른 의미입니다. 여기에 사용된 단어는 성경에서 유일하게 예수님만 사용하시는 말입니다. 그리고 여기에는 이런 의미가 있습니다. 만약 내 자녀가 어떤 심각한 병을 앓으며 끔찍한 고통을 받고 있다고 해 볼까요. 당연히 어느 부모든 너무나 불쌍하고 안타까울 겁니다. 하지만 내가 자녀를 위해 할 수 있는 건 딱히 없습니다. 그저 자녀의 아픔을 바라보며 가슴 아파하고 곁에서 울며 기도하는 게 할 수 있는 전부죠. 그런데 만약 내가 자녀가 앓고 있는 병에 있어서 세계에서 가장 뛰어난 의사라면 어떨까요? 그렇다면 우리는 병 때문에 고통스러워하는 자녀를 보며 마음으로 불쌍히 여기는 것으로만 끝나지 않습니다. 내가 그 분야에서 가장 뛰어난 의사이기에 자녀를 낫게 하려고 그 누구보다 적극적으로 나설 것입니다. 바로 이게 예수님이 사람들을 '불쌍히 여겼다'고 할 때 사용된 단어입니다.

이처럼 예수님은 목자 없는 양과 같이 방황하는 사람들을 마음으로만 불쌍히 여긴 것이 아니라 그것을 고치고 바로잡을 수 있는 능력이 있으십니다. 하나님은 광야 같은 인생에서 길을 잃어버린 채 방황하고 있는 우리를 저 멀리서 바라보시며 "아이쿠, 어떻게 하니. 네가 너무 불쌍하구나"라고 발만 동동 구르는 분이 아닙니다. 동시에 그분은 우리를 향해 "네가 너무 불쌍하지만 나는 네 삶에 간섭하진 않을 거란다. 그저 여기서 너를 응원하며 지켜볼 테니 네 스스로 이겨 내고 극복해 보렴"이라고 말씀하는 분도 아닙니다. 하나님은 누구보다 적극적으로 삶에 개입해 우리의 문제와 아픔을 고치고 바로 잡으시는 분입니다. 이게 하나님이 우리를 불쌍히 여기시는 방법입니다. 그리고 바로 이게 2천 년 전 예수님이 수많은 사람이 모여 있는 광야 한 가운데 계신 이유였습니다.

하나님의 아들이신 예수님은 목자 없는 양과 같은 사람들을 위해, 그들의 목자로 세상에 오셔서 광야 한가운데 계셨습니다. 그리고 목자로 오신 예수님은 사람들을 위해 크게 두 가지를 행하십니다. 첫 번째는 사람들을 가르치는 것입니다. 이때 예수님이 사람들을 가르쳤다는 말을 들으며 이렇게 생각하는 분들도 있을 겁니다.

"잠깐만요. 아까 예수님이 우리의 문제에 적극적으로 간섭하길 원한다고 하시지 않았나요. 그런데 갑자기 웬 가르침이죠? 아뇨 아뇨. 저에게 예수님의 가르침 같은 건 굳이 필요하지 않아요. 그건 너무 부담될 것만 같거든요. 왜 그런 걸 저에게 강요하시죠? 그냥, 이 문제만 좀 해결해 주시면 안 될까요? 저에게 필요한 건 지금 이 문제를 해결해 주는 것이지 가르침 같은 게 아니라고요."

그런데 정말 예수님의 가르침이 우리에게 불필요하고 부담만 되는 일일까요? 여러분 중에서는 종종 배탈이나 감기 혹은 어떤 바이러스에 걸려서 병원에 가 본 경험이 있을 겁니다. 이때 의사가 단순히 주사를 놓고, 약을 처방하는 것으로만 치료를 끝내던가요? 아니요. 좋은 의사는 단순히 처방하는 것으로 치료를 끝내지 않습니다. 좋은 의사는 반드시 환자에게 먹지 말아야 할 음식이 무엇인지, 바꿔야 할 잘못된 생활 패턴은 무엇인지, 병에서 빨리 나으려면 무엇이 필요한지 이런 저런 것들을 가르칩니다. 종종 우리는 내 삶에 아무런 이유도 없이 문제가 생긴다고 생각하지만 그렇지 않습니다. 사실 우리가 인생에서 경험하는 문제의 수많은 부분은 우리가 삶을 살아가는 방식과 방향성이 잘못되었기 때문인 경우가 많습니다.

만약 어떤 남자가 순수하고 신앙 좋은 배우자를 만나 결혼하고 싶어 한다고 해 봅시다. 그러면서 정작 자기는 매일 저녁 술집과 클럽을 찾아가 이성과 가벼운 만남만을 이어 갑니다. 그렇다면 과연 이 사람은 자신이 원하는 배우자를 만날 수 있을까요? 어렵겠죠. 더 큰 문제는 이 사람이 가볍게 만나던 이성과 이별할 때마다 하나님께 "저에게 왜 이러세요? 좋은 사람 만나게 해달라고 기도했잖아요"라고 하는 겁니다.

왜 하나님이 우리 삶에 개입하시는 방법 중 하나가 가르침인지 이해가 되나요? 우리의 삶이 진정으로 치유되고 회복되기 위해서는 단순히 하나님이 우리의 간절한 소원 하나 들어주는 것으로만 안 됩니다. 반드시 잘못된 삶의 방식과 방향성이 바뀌어야만 합니다. 그렇다면 과연 누가 우리에게 이런 올바른 삶의 방식과 가치관을 가르쳐 줄 수 있을까요? 당연히 우리를 창조하신 하나님이죠. 결국 진정으로 건강하고 치유된 삶을 살아가고 싶다면 우리에겐 반드시 우리를 창조하신 하나님의 가르침이 필요하고 우리는 그분의 가르침에 따라 삶의 방식을 바꿔야만 합니다. 바로 이게 목자로 오신 예수님이 사람들을 가르치신 이유입니다. 예수님이 우리의 진정한 목자라면 그분의 가르침을 받고 따르는 건 나의 기호에 맞는 선택이 아니라 필수입니다.

# 먹이시는
# 목자

예수님은 광야에 모여 있던 사람들을 먹이십니다. 예수님이 사람들을 가르치시는 동안 어느새 해는 뉘엿뉘엿 저물어 있었고 아침 일찍부터 예수님을 따라 광야로 나온 사람들도 허기가 지기 시작했습니다. 이건 예수님과 함께했던 제자들도 마찬가지였지요. 이에 제자들은 예수님을 향해 말합니다.

"선생님, 여기는 빈들이고 날도 이미 저물고 늦었습니다. 사람들도 허기져 배고파합니다. 이들을 가까운 마을로 보내어 허기를 달래게 하시는 게 어떻습니까?"

이때 예수님은 물고기 두 마리와 빵 다섯 개밖에 없던 제자들을 향해 말씀하십니다.

"너희가 그들에게 먹을 것을 주어라."

제자들이 도저히 알 수 없는 예수님의 말씀에 눈을 동그랗게 뜨며 당황해하고 있을 때 예수님은 그들이 가지고 있던 물고기 두 마리와 빵 다섯 개를 놓고 축복 기도를 하신 후 그것을 사람들에게 나누어 주라고 하십니다. 그리고 바로 여기서 그 유명한 물고기 두 마리와 빵 다섯 개로 남자만 오천 명이 넘는 사람들을 배불리 먹이는 오병이어의 기적이 일어납니다.

종종 사람들은 이 이야기를 두고 예수님이 적은 자원으로 수많은 사람을 배불리 먹였다는 기적에 초점을 맞추곤 합니다. 하지만 이 사건은 단순히 예수님이 행하신 기적 이상의 의미가 담겨 있습니다. 같은 이야기를 기록한 요한복음 6장 33-35절에서 예수님은 오늘 사건에 담긴 더 깊은 의미를 설명해 주십니다.

"하나님의 빵은 하늘에서 내려와 세상에 생명을 주는 것이다." 그들은 예수께 말하였다. "주님, 그 빵을 언제나 우리에게 주십시오." 예수께서 그들에게 말씀하셨다. "내가 생명의 빵이다. 내게로 오는 사람은 결코 주리지 않을 것이요, 나를 믿는 사람은 다시는 목마르지 않을 것이다(요 6:33-35).

당시 수많은 사람이 예수님을 좇아 광야 한가운데 나와 있던 이유는 예수님이 이스라엘의 강력한 지도자가 되어 로마의 압제에서 자신들을 해방시키고 자신들이 꿈꾸는 세상을 만들어 줄 메시아라고 믿었기 때문입니다. 그래서 사람들은 예수님이 광야에서 군사들을 모집하고 무기를 모아 사람들을 훈련하며 강한 나라의 밑거름을 준비할 거라 기대했습니다. 바로 이게 당시 예수님을 좇아 광야로 나온 사람들이 생각하는 생명의 빵이었습니다.

"이 지긋지긋한 로마의 지배에서 벗어날 수만 있다면 우리는 배부른 인생을 살 수 있을 거야. 우리가 다윗 왕 때와 같은 강한 국가를 다시 이룬다면 더 이상 우리는 배고프지 않는 삶을 살아갈 수 있을 거야. 이 예수님이라면 강력한 지도자가 되어 그런 세상을 우리에게 가져다 주실 거야."

하지만 사람들이 기대한 생명의 빵과 예수님이 말씀하신 생명의 빵은 전혀 다른 것이었습니다. 사람들은 강력한 국가와 해방이 자신들의 진정한 생명의 빵이 될 수 있을 거라 생각했지만, 예수님은 그들의 기대와는 완전히 다른 말씀을 하고 계셨습니다.

"너희는 내가 강력한 힘으로 로마를 쫓아내고 이스라엘을 강대국으로 만들면 비로소 너희가 고민했던 문제가 해결될 것이라고 생각하느냐? 그렇지 않다. 그런 것들로는 너희의 문제가 진정 해결되지 않는다. 로마의 지배에서 벗어나도 너희는 또 다른 것들의 지배를 받고 그것들이 네 인생의 지도자 노릇을 할 것이다. 진짜 문제는 눈에 보이는 로마가 아니라 너희의 영혼 깊숙한 곳에 있다. 너희가 정말 깊은 인생의 굶주림에서 벗어나고 싶다면 내가 너희의 생명이 되어야만 한다. 삶의 의미와 목적, 부, 안정, 사랑 등 내가 바로 그 모든 것들의 근원이다. 너희는 오직 나를 통해서만 그 모든 영혼의 배고픔에서 벗어날 수 있다. 내가 바로 너희의 참된 양식 그 자체다."

## 생명의 양식이요
## 참된 목자 예수님

도대체 지금 예수님이 무엇을 이야기하고 있는 걸까요? 그리고 예수님이 생명의 양식이 된다는 건 어떤 의미일까요? 예수님은 어떻게 우리에게 이런 생명의 양식을 주실 수 있는 걸까요? 우리는 시편의 노래 중에서도 유명한 시편 23편 1-3절을 통해 여기에 대한 힌트를 발견할 수 있습니다. 시편 23편에서 목자 출신인 다윗은 자신에게 진정하고 참된 목자가 있다고 고백하며 이렇게 노래합니다.

주님은 나의 목자시니, 내게 부족함 없어라. 나를 푸른 풀밭에 누이시며 쉴 만한 물 가로 인도하신다. 나에게 다시 새 힘을 주시고, 당신의 이름을 위하여 바른 길로 나를 인도하신다(시 23:1-3).

다윗이 자신의 목자인 여호와 하나님을 두고 뭐라고 노래하는지 보이시나요? 그는 하나님이 자신을 푸른 풀밭과 쉼이 있는 물가로 인도하실 뿐 아니라 힘든 세상살이에 고되고 지친 자신을 의의 길로 인도하시는 분이라고 노래합니다. 그는 광야 같은 인생에서 하나님이야말로 자신을 진정한 쉼과 푸른 풀밭과 올바른 길로 인도하시는 참된 목자라고 고백하고 있습니다. 그런데 오늘 예수님은 말씀하십니다.

"내가 바로 다윗이 노래한 그 목자다."

만약 누군가가 우리에게 어떤 업무를 맡기고 우리가 거기에 따라 열심히 일할 때 그 보상을 준다고 해 봅시다. 우리는 이 사람을 두고 "당신이 제 생명의 양식입니다"라고 말하지 않을 겁니다. "당신은 저의 고용주입니다"라고 말하겠죠. 그런데 만약 우리가 아무런 노력도 하지 않고 열심히 일하지도 않았는데도 누군가가 아무 대가 없이 때에 따라 맛있는 밥을 주고, 간식도 주고, 얼마든지 편하게 쉴 수 있는 장소와 안식을 제공해 준다면요? 마치 갓난아기 때 우리의 부모님이 해 주신 것처럼요. 심지어 자신의 시간과 자원과 에너지를 모두 희생해 가면서요! 그렇다면 우리는 이 사람을 향해 이렇게 말할 수 있습니다. "당신이 곧 제 생명의 양식입니다"라고요. 예수님이 우리에게 생명의 양식이 된다는 말은 곧 이와 같습니다. 그분은 아무런 대가도 없이 우리에게 영원한 안식과 쉼과 평안을 주기 위해 자신의 모든 걸 희생하셨습니다!

이렇게 이야기하면 또 누군가는 말하겠죠.

"잠깐만요. 도대체 예수님이 언제 저에게 그렇게 해 줬다는 거죠? 지금 당장 먹고사는 문제로 고민하는 저에게 그분은 아무것도 해준 게 없는데요? 여전히 제 눈앞에는 현실적인 문제들과 진로의 갈등 그리고 취업과 미래에 대한 불안함이 가득한데요?"

그런 분들에게 말씀드리고 싶습니다. 인생을 너무 짧게 바라보지 마시길 바랍니다. 지금 당장 내 인생에 그 어떤 일도 일어나지 않는다고 해서 정말 아무런 일도 일어나지 않는 건 아닙니다. 오늘 아무것도 없는 광야에서 고작 빵 다섯 조각과 물고기 두 마리로 남자만 5천 명이 넘는 사람들을 먹이신 예수님이 기적을 행하고 난 뒤 얼마 지나지 않아 어떤 길을 걸어가셨는지 아십니까? 그분은 푸른 풀밭이 아니라 모든 생명이 메마르고 죽어 가는 황량한 골고다 언덕길을 걸어가셨습니다. 예수님은 쉴 만한 물가가 아니라 조그마한 쉼도 누릴 수 없는 고통스러운 십자가에 매달리셨습니다. 하나님은 자기 아들을 의의 길로 이끄시는 것이 아니라 죽음의 길인 십자가로 이끄셨습니다. 십자가 위에서 하나님은 아들의 영혼을 소생시키는 것이 아니라 내팽개쳤습니다! 수많은 사람에게 생명의 빵을 주신 예수님이 정작 십자가 위에선 죽음의 빵을 드셨습니다.

왜 오늘 광야의 예수님과 십자가 위 예수님의 모습이 이렇게도 달랐을까요? 이유는 간단합니다. 바로 우리를 위해서요. 예수님은 우리를 영원한 푸른 풀밭과 쉴 만한 물가로 인도하시기 위해 우리가 있는 광야로 오셨습니다. 그분은 우리의 영혼을 회복시키고 우리를 영원한 의의 길로 가게 하기 위해 우리가 가야 할 죽음의 길로 친히 걸어가셨습니다. 예수님은 생명의 빵이 되시기 위해 우리를 대신해 죽음의 잔을 받으셨습니다. 예수님이 어떤 목자이신지가 보이시나요? 그분은 자신을 싫어하며, 자신의 품을 떠나 광야로 뛰쳐나간 양과 같은 우리를 구원하기 위해 기꺼이 모든 걸 포기하고 광야로 나온 목자였습니다. 예수님이 나에게 해준 게 없다고요? 아니요! 그분은 우리에게 자신의 모든 걸 내어 주셨습니다. 하나님은 우리를 위해 자신의 하나 밖에 없는 아들을 기꺼이 죽음이라는 광야로 보내신 목자셨습니다.

물론 지금 당장엔 내 눈앞에 도저히 그 어떤 쉼과 양식과 푸른 풀밭과 의의 길이 보이지 않을 수 있습니다. 지금 당장 내 눈앞에는 예수님이 그 어떤 일도 나에게 해준 게 없어 보일지 모릅니다. 그러나 한 치 앞이 보이지 않는 광야 같은 인생에서 내 눈과 판단을 너무 믿지 않길 바랍니다. 우리의 눈은 연약해서 신기루에 쉽게 속습니다. 당장 내일도 알지 못하면서 내 인생의 앞날을 미리 결정하는 건 너무 바보 같은 짓입니다. 그러니 그런 어리석은 일 대신 2천 년 전 우리를 위해 세상이라는 광야로 내려오신, 하나님의 아들인 예수님이 하신 일을 바라보길 바랍니다. 광야 같은 인생에서 길을 잃은 우리에게 영원히 마르지 않는 푸른 풀밭과 쉴 만한 물가를 주기 위해 모든 걸 포기한 채 메마른 땅으로 내려오고 죽음의 길로 가신 예수님이 있다면, 그런 목자가 있다면, 우리는 이해되지 않는 인생의 어려움 속에서도 우리의 목자이신 예수님을 바라보며 말할 수 있습니다.

"당신이 나의 참된 목자시니 내게 부족함이 없습니다. 당신이 언젠가는 반드시 나를 푸른 풀밭에 누이실 것이며 쉴 만한 물가로 인도하실 것입니다. 지금은 죽어 가는 것 같은 내 영혼을 당신이 반드시 회복시킬 날이 분명히 올 것입니다. 지금 이 순간에도 당신은 나를 그곳으로 인도하고 계십니다."

그럼에도 여전히 광야 같은 인생에서 내가 맞는 길을 향해 가고 있는지 모르겠고, 당장의 먹고사는 문제가 나를 힘들게 하며, 전혀 바뀔 것 같지 않은 인생의 고난이 우리를 기다릴 수 있습니다. "이런 내 인생에 하나님이 정말 목자가 맞긴 한 거야?"라는 의심이 밀려올 때도 있지요. 충분히 이해합니다. 하지만 2천 년 전 하나님의 아들이신 예수님도 지금 우리가 있는 그 자리에 계셨습니다. 하나님의 아들이 세상의 광야로 내려 오셨습니다. 그리고 이 예수님은 지금도 광야 같은 시간에 있는 우리와 함께하십니다.

저희 부부가 모스크바에서의 생활을 정리하고 교회를 개척하기 위해 한국으로 돌아오기로 결단했을 때 가장 큰 문제는 바로 집이었습니다. 거주지의 문제가 해결되지 않으면 아무것도 할 수 없었으니까요. 모스크바에서 한국으로 돌아갈 준비를 하며 인터넷으로 집을 찾아보는데, 가진 돈으로는 마땅히 갈만한 데가 없었습니다. 전세 사기 이슈로 전세 대출은 막혀 있었고, 월세도 터무니없이 올라가 있었습니다. 그렇게 거주지를 찾다 보니 우리가 한국으로 돌아가기로 한 선택이 얼마나 무모하고 쉽지 않은 일이었는지 피부로 확 와닿기 시작했습니다. 모스크바에서는 아내의 회사에서 제공해 주는 넓고 쾌적한 집에서 살았는데, 그러다 보니 괴리감은 더욱 심했습니다. 한국에서의 거주지를 놓고 기도 할 때면 속이 많이 상했습니다. 인터넷으로 서울 여기저기 부동산을 검색하며 "한국에 이렇게나 집이 많은데 정작 우리가 살 집은 없네"라는 생각이 들기도 했죠. 그런데 그 순간 한 가지 말씀이 생각났습니다. 바로 누가복음 9장 58절 말씀이었습니다.

예수께서 그에게 말씀하셨다. "여우도 굴이 있고, 하늘을 나는 새도 보금자리가 있으나, 인자는 머리 둘 곳이 없다"(눅9:58).

당시 이 말씀을 묵상하며 저는 한 가지를 깨달았습니다. 그건 바로 예수님도 집 없는 설움을 누구보다 잘 알고 계신다는 사실이었습니다. 하지만 예수님은 우리처럼 돈이 없어서 집이 없는 게 아니었습니다. 그분은 세상 모든 만물을 창조하신 분이고 모든 세상이 그분의 것이었지만 그럼에도 예수님은 이 땅에서 누울 곳도 없는 노숙자로 살아가셨습니다. 바로 우리에게 영원한 집을 주시기 위해서요! 이 사실을 깨닫자 제겐 그 무엇으로도 얻을 수 없는 위로와 함께 이런 믿음이 생겨나기 시작했습니다.

"그래, 나에게 영원한 집을 주기 위해 이 땅에서 떠돌이로 사신 예수님이 한국에서 우리에게 맞는 집을 예비해 주실 거야. 그분이 우리의 거주지가 되어 주실 거야."

광야 같은 인생에서 길을 잃으셨나요? 어쩌면 그건 전혀 이상한 일이 아닐지도 모릅니다. 왜냐하면 우리에겐 참된 목자가 필요하거든요. 나 자신을 포함해 그 누구도 우리의 진정한 목자가 될 수 없습니다. 그러나 예수님은 다릅니다. 세상을 창조하신 하나님의 아들인 예수님에게는 영원히 마르지 않는 푸른 풀밭과 쉴 만한 물가와 참된 쉼과 안식이 있습니다. 이런 예수님이 황량한 광야로 내려오셨습니다. 목자가 되어 우리를 영원한 그분의 나라로 인도하시기 위해서요. 예수님은 이런 목자이십니다. 그러니 이 예수님의 가르침에 귀기울이길 바랍니다. 때로는 그분의 말씀이 내 생각, 내 계획,

세상의 방식과 너무나 다르더라도 그분의 가르침을 따르기 위해 노력해 보기를 바랍니다. 그분이 진짜 세상과 우리 인생의 전문가이십니다. 동시에 막막한 현실 속에서 좌절이 밀려올 때마다 예수님이 우리를 위해 어떤 길을 걸어가셨고 어떤 희생을 마다하지 않으셨는지 묵상하고 또 묵상해 보길 바랍니다. 그분이 우리 영혼에 넘치는 생명의 양식이 되어 주실 것입니다.

참된 목자이신 예수님은 지금도 우리 곁에서 우리와 동행하고 계십니다. 그분은 단순히 멀리서 우리를 바라보기만 하는 목자가 아닙니다. 그분은 우리의 고통을 아시고, 우리의 방황을 이해하시며, 우리에게 영원한 생명과 참된 안식을 주시기 위해 자신의 모든 것을 내어 주신 목자이십니다. 그러니 비록 지금 당장은 내가 걷는 길이 황량한 광야처럼 느껴질지라도, 우리의 목자되신 예수님을 신뢰하며 한 걸음씩 나아가시길 바랍니다. 그분이 반드시 우리를 푸른 풀밭과 쉴 만한 물가로 인도하실 것입니다. 그분이 반드시 우리의 영혼을 소생시키시고, 우리를 의의 길로 이끄실 것입니다. 바로 이게 우리의 목자이신 예수님이 우리에게 주시는 가장 큰 약속이자 소망입니다.

방황하는
당신을 위한 질문들


1. 최근에 인생의 방향성에 대해 고민한 적이 있나요? 어디서 인
   생이 방향성을 찾으려 했나요?


2. 우리의 삶이 '목자 없는 양'과 같다는 말에 대해 어떻게 생각하
   나요? 나는 내 인생의 진짜 목자가 될 수 있을까요?


3. 예수님의 가르침 중 나의 삶에 적용하기 가장 어려운 부분은
   무엇인가요? 그 이유는 무엇인가요?


4. '하나님의 시선'으로 현재 나의 상황을 바라본다면, 어떤 점이
   달라질 수 있을까요?


5. 예수님이 나를 영원한 '푸른 풀밭'과 '쉴 만한 물가'로 인도하기
   위해 자신의 집을 떠나고 쉼과 안식을 잃어렸다는 말이 어떻게
   들리나요? 이 예수님을 신뢰한다는 건 어떤 모습일까요?

7장

# 분노 가득한 인생에서

## 예수를 만나다

# 바울에게
## 일어난 변화

바울은 굉장히 입체적인 사람입니다. 그는 성경의 저자 중에서도 가장 많은 열세 권의 성경을 썼고, 정확한 숫자는 알려지지 않았지만 팔레스타인과 유럽을 돌아다니며 열 개 이상의 교회를 개척했으며, 수많은 사람을 전도하고 회심시키는 놀라운 일을 했습니다. 이런 바울의 영향력은 어떤 면에서는 예수님과 3년 동안 함께했던 제자들보다 더 크기도 합니다. 이런 바울의 업적에서 알 수 있듯이 그는 굉장히 열심과 열정이 넘치는 인물이었습니다.

　하지만 열심과 열정이 꼭 모든 사람에게 좋은 것은 아닙니다. 특히 열정 넘치는 사람이 내 직장 상사 혹은 전공 교수님이라면 어떨까요? 생각만 해도 피곤하지 않나요? 우리는 압니다. 세상에서 바울처럼 자신의 열정에 불타는 사람이 얼마나 주변 사람들을 피곤하게 하고, 때로는 이기적이며, 자신만의 세계에 빠져 살아가는지를요.

그런데 바울은 조금 달랐습니다. 그는 누구보다 열정 넘치지만, 주변 사람들을 소중히 여기고 사랑하며 돌볼 줄 아는 사람이었습니다. 또한 그는 진취적이면서도 다른 사람을 위해 기꺼이 자신을 희생할 줄 알았습니다. 이런 그의 면모는 빌레몬서라는 성경에서 특히 잘 드러납니다. 빌레몬은 바울의 제자이지요. 그에게는 오네시모라는 종이 있었는데, 그 종이 주인 빌레몬의 집에서 도망가는 길에 우연히 바울을 만납니다. 이때 도망가는 오네시모의 모습을 자칫 부당한 노예의 삶에서 자유를 찾아 떠나는 상황으로 생각할 수 있지만, 그렇지 않습니다. 로마 사회에서 종과 주인의 관계는 우리가 생각하는 것처럼 그렇게까지 억압적이거나 폭력적이지 않았습니다. 당시에 종들은 나름 상당한 수준의 권리와 자유를 보장받았고, 업무 능력에 따른 급여와 혜택이 있었으며, 때로는 주인의 양자가 되어 재산을 상속받기도 했습니다. 오늘날로 치면 사장과 직원의 관계에 더 가깝습니다.

이러한 당시 문화로 비추어 볼 때 오네시모가 도망가는 모습은 오늘날 회사의 돈을 횡령한 직원이 해외로 도피하는 것에 더 가깝습니다. 그런데 이런 도망길에서 바울을 만난 오네시모는 그를 통해 하나님을 믿고 회심을 경험합니다. 그리고 바울은 오네시모를 다시 그의 주인 빌레몬에게로 돌려보내죠. 이때 자신이 받아야 할 벌과 책임 때문에 떨고 있는 오네시모를 위해 바울은 제자 빌레몬에게 편지를 보내며 그를 벌하지 말고 그가 갚아야 할 빚이 있다면 기꺼이 자신이 갚겠다고까지 말합니다. 이게 과연 쉬운 일일까요? 심지어 당시 바울은 오네시모를 만난 지 얼마 되지도 않은 상황이었습니다. 바울이 어떤 사람인지가 보이시나요? 그는 굉장히 열정적이며 진취적인 사람이었지만 동시에 기꺼이 다른 사람을 위해 헌실할 줄 알고 때로는 손해를 감내하는 희생도 마다하지 않을 수 있는 사람이었습니다.

바울도 밑바닥에서부터 어려운 삶을 경험하며 자수성가했기에 이런 마음을 가질 수 있었던 걸까요? 아뇨. 바울은 당시 학력으로나 사회적 배경으로나 금수저에 가까웠습니다. 그는 이스라엘의 유력한 가문에서 태어났고, 당시 모든 혜택의 끝판왕이던 로마 시민권을 가지고 있었으며, 가장 뛰어난 교사였던 가멜리엘의 수제자였습니다. 하지만 바울은 이런 뛰어난 환경적 배경을 가지고 있으면서도 그런 것들로 자신을 자랑하지 않습니다. 오히려 그는 그런 것들을 배설물로 여긴다고까지 말합니다. 남들보다 조금 더 안정적이고, 부요하며, 좋은 환경에서 태어난 것이 잘못이라는 말을 하는 게 아닙니다. 그런 것들이 그에게 그렇게까지 중요하지 않다고 말하는 것입니다. 바울은 자신의 경제적, 사회적, 환경적, 학벌적 배경으로 자신의 가치와 정체성을 결정하지 않았습니다. 이런 바울은 누구보다 뛰어났지만 동시에 하찮아지는 걸 마다하지 않을 수 있었고, 누구보다 열정적이었지만 누구보다 겸손할 수 있었으며, 사랑과 배려의 균형이 넘쳤습니다. 빌립보서에서 바울의 고백은 이런 그의 면모를 잘 보여 줍니다.

나는 비천하게 살 줄도 알고, 풍족하게 살 줄도 압니다. 배부르거나, 굶주리거나, 풍족하거나, 궁핍하거나, 그 어떤 경우에도 적응할 수 있는 비결을 배웠습니다(빌 4:12).

부자가 어떤 사람이라고 생각합니까? 돈이 많아야 부자라면 그 사람은 절반만 부자입니다. 부의 기준이 왔다 갔다 하는 사람은 진정으로 완전한 부를 누릴 수 없기 때문입니다. 진짜 부자는 돈의 많고 적음에 연연치 않고 있는 그대로에 만족할 수 있는 사람입니다. 물론 이게 얼마나 어렵고 힘든 일인지 잘 압니다. 저도 마찬가지니까요. 하지만 바울의 고백을 보세요. 그는 우리와 달랐습니다. 그는 자신의 형편과 돈의 많고 적음에 상관없이 진짜 부한 인생을 살 수 있는 비결을 아는 사람이었습니다.

그렇다면 무엇이 바울에게 이런 삶을 살게 해 줬을까요? "그 어떤 경우에도 적응할 수 있는 비결을 배웠다"는 그의 말은 인생에서 갑자기 어떤 큰 깨우침과 깨달음을 얻게 되었다는 의미가 아닙니다. 바울은 예수님과의 만남 이후 자신의 존재에 일어난 변화에 대해서 말하고 있습니다.

# 분노로
# 불타오른 바울

바울이 처음부터 이런 사람은 아니었습니다. 원래 바울은 열
정이 넘치다 못해 불 같았고, 불도저같이 앞을 가로막는 것은
모두 부숴 버렸으며, 자신과 다르게 생각하는 사람은 거리낌
없이 핍박하고 박해하는 사람이었습니다. 이처럼 그는 사랑
과 배려, 겸손이나 희생과는 거리가 먼 사람이었습니다. 그의
눈은 항상 야망으로 가득했고, 자신처럼 살지 못하는 사람을
이해하지 못했으며, 다른 이들을 쉽게 깔보며 정죄했습니다.
그는 누군가의 실패를 볼 때면 "다 자기가 더 열심히 노력하
지 않아서 그런 거지. 결국 자기가 선택한 결과지 어쩌겠어?"

라고 말하는 사람이었습니다. 그런데 이랬던 바울이 어떻게 완전히 다른 사람으로 변할 수 있었을까요? 도대체 무엇이 그를 180도 바꿔 놓았을까요?

사도행전 9장 1-29절에서 우리는 바울이 사울이라는 이름으로 더 유명했을 때 그에게 어떤 변화가 일어나기 시작했는지 볼 수 있습니다. 먼저 1-2절에 보면, "사울은 여전히 주님의 제자들을 위협하면서, 살기를 띠고 있었다"고 말합니다. 어떻습니까? 바울은 지금 분노에 가득 차 있습니다. 그리고 그 분노는 특정 부류 사람들을 향하고 있습니다. 바로 예수님을 믿는 사람들이었습니다. 그래서 바울은 당시 대제사장에게 예수의 도를 따르는 사람들은 남녀 할 것 없이 모두 강제로 잡아 올 수 있는 권한을 달라고 요구합니다. 도대체 바울은 왜 이렇게까지 예수님을 믿는 사람들에게 분노했을까요? 도대체 무엇이 그가 예수를 따르는 사람들을 향해 이런 증오심을 갖게 만들었을까요?

바울이 이렇게까지 예수님을 믿는 사람들에게 분노한 가장 큰 이유는 그의 신념 때문이었습니다. 당시 이스라엘에서 가장 저명한 율법교사였던 가멜리엘의 제자이자, 바리새인이던 바울에게 십자가에 달려 죽은 예수가 죽음에서 부활한 하나님의 아들이라는 이야기는 엄청난 신성모독이었습니다.

구약 성경의 신명기는 '나무에 달려 죽은 사람은 하나님의 저주를 받은 자'라고 말합니다. 이런 구약의 율법에 따르면 십자가에 달려 죽은 예수는 하나님의 아들이 아니라 오히려 하나님께 저주받은 존재에 불과했습니다.

거기다 당시 이스라엘 사람들은 자신들을 구원할 메시아가 오면 이스라엘을 로마의 압제에서 해방시키고 로마보다 더욱 큰 강대국으로 만들어 줄 거라는 기대감을 품고 있었습니다. 하지만 예수님은 로마로부터 이스라엘을 해방하기는커녕 로마 총독에 의해 심판받고 로마의 사형제도인 십자가형으로 죽임을 당합니다. 그런데 이런 예수가 메시아고 하나님의 아들이라니요? 원수를 무찌르기는커녕 원수의 손에 죽는 하나님이라니, 이런 이야기는 바울이 평생 알고 배워 왔던 종교적 신념으로는 결코 용납할 수 없는 이야기였습니다.

당연히 이런 바울의 종교적 신념에서 봤을 때 예수를 믿는 자들이 전하는 메시지는 거룩한 하나님을 감히 모독하는 일이었습니다. 종교적인 열정이 넘쳤던 바울은 자신이 적극적으로 나서 잘못된 것을 바로잡아야 한다고 생각했습니다. 심지어 그 방식이 폭력과 박해라 할지라도 그는 개의치 않았습니다. 마땅히 자신이 해야 할 옳은 일이었으니까요.

아마 지금까지의 이야기를 듣고 이렇게 생각하는 분들도

있을 거라 생각합니다.

"그런데 바울이 그렇게까지 분노하며 다른 사람을 핍박한 이유는 자신이 옳다고 믿는 종교적 신념 때문이 아닌가요? 그렇다면 가장 큰 문제는 종교적인 신념인 거네요. 역시 종교적인 신념은 세상에서 사라져야만 해요. 종교만 사라지면 사람들은 모두를 존중하고 각자의 다양성을 가지고 평화롭게 살아갈 수 있을 거예요. 그러면 더 이상 바울과 같은 행동을 하는 사람도 없겠죠."

실제 오늘날 많은 사람이 신념이나 믿음을 이야기할 때면 이렇게 생각하는 것 같습니다. 종교야말로 세상에서 일어나는 수많은 폭력과 박해, 갈등과 혐오의 가장 큰 원인이라는 것이죠. 그런데 정말 종교적인 신념이 문제일까요? 종교만 사라지면 더 이상 이런 문제는 일어나지 않고, 폭력과 박해가 없는 평화로운 세상이 찾아올까요? 사실 이 문제는 그렇게 간단하지 않습니다.

저는 오랫동안 SNS에서 활동하며 기독교인, 비기독교인들과 대화하고 소통하려 노력해 왔습니다. 그러다 보니 종종 불특정 다수의 사람에게 비판과 비난 때로는 비아냥과 조롱

을 듣곤 합니다. 심할 때는 아무런 이유도 없이 욕설과 혐오
성 발언을 듣기도 하죠. 물론 이런 반응을 보이는 사람 중에
서는 '종교적 신념'을 가진 사람들도 있습니다. 하지만 그에
못지않게 아무런 종교도 없는, 흔히 '모든 신념은 다 존중받
아야 해'라고 생각하는 사람들도 꽤 많습니다. 아이러니하지
않나요? 종교가 없으면 더 평화롭고 자비로워질 거라는 생각
과는 다르게 그 어떤 종교도 없는 사람들 또한 저를 향해 수
많은 비난과 조롱 그리고 욕설을 합니다. 심지어 이 사람들의
모습을 보고 있으면 놀랍게도 '강한 종교적 신념'을 가진 사람
과 비슷하다는 걸 그리 어렵지 않게 알 수 있습니다.

절대적인 종교적 신념을 부정하며 '모든 신념은 존중받아
야 해'라고 말하면서, 왜 정작 거기에 제 신념은 포함해 주지
않고 비난하고 공격할까요? 이유는 간단합니다. 그것 또한
하나의 신념이거든요. '모든 신념은 다 존중받아야 해'라는
생각을 종교적인 신념과 같이 생각하고 있기에 자신의 신념
과 맞지 않는, 절대적인 신념을 가지고 있는 저를 향해 분노
하고 화를 내며 때로는 심한 비난과 욕설도 마다하지 않는 것
이죠. 그러면서 이렇게 말하기도 합니다.

"내가 너를 비난하고 욕하는 건 마땅해. 왜냐하면 네 생각은

틀렸거든!"

저는 이런 사람들을 무조건 비난하고 싶지는 않습니다. 저에게도 분명 이런 모습이 존재하기 때문입니다. 하지만 적어도 이 모습은 우리에게 굉장히 중요한 사실을 하나 보여 줍니다. 세상에서 그 어떤 신념도 가지고 있지 않은 채 살아가는 사람은 아무도 없다는 것입니다. 모든 사람은 각자의 신념을 가지고 살아갑니다. 그리고 그것이 무엇이든 신념은 본질상 어떤 것을 두고 '이건 잘못되었고 옳지 않아'라는 가치 판단을 할 수밖에 없게 만듭니다.

# 누구나 절대적 신념을
# 갖고 살아간다

만약 정말로 '모든 신념은 그 자체로 다 존중받아야 할 가치가 있어'라고 주장하려면 그것이 어떤 신념이든 '모든 것' 안에서 벗어나서는 안 됩니다. 예를 들어 자신의 종교적 신념을 가지고 테러를 일으키는 사람들이나, 사회적 물의를 일으키는 사이비 종교를 향해서도 "저 신념도 모두 가치가 있어. 그러니 존중해 줘야 해"라고 말해야만 합니다. 그건 너무 극단적인 거 아니냐고요? 그렇지 않습니다.

그러나 누구도 이렇게 생각하지 않습니다. 당연하죠. 다른 누군가를 해치고, 타인에게 피해를 주며, 테러를 일으키는 건 그 이유가 무엇이든 잘못되었으니까요. 그런데 이때 '이유를 막론하고 다른 사람의 목숨을 빼앗고 피해를 주며 테러를 일으키는 건 옳지 않아'라는 생각 또한 신념입니다. 이게 무슨 말인지 이해가 되시나요? 세상에서 '적어도 이 부분에서는 내 생각이 마땅히 더 옳아'라는 신념 없이 세상을 살아가는 사람은 아무도 없습니다. 모든 사람은 저마다 '적어도 이 부분에서는 내 생각이 더 맞아. 그러니 여기선 그 어떤 타협도 있을 수 없어'라는 신념을 가지고 있습니다. 누군가가 타협할 수 없는 나의 신념을 건드리고 위협할 때, 그 사람을 향해 분노하고 화를 내며 때로는 그 사람을 박해하거나 비난해도 괜찮다고 생각합니다. 이걸 조금 더 쉽게 예를 들어 설명해 보겠습니다.

인종차별을 반대하는 사람이 있다고 해 볼까요? 이 사람은 당연히 '사람은 누구든 인종에 상관없이 아시아인이든, 중동 사람이든, 백인이든, 흑인이든 모두 존중받아야 하며 사랑받기 마땅하다'고 생각할 겁니다. 그런데 이 사람이 인종차별주의자를 만난다면 어떨까요? 그 사람도 똑같이 존중하며 사랑할 수 있을까요? 아니요. 이 사람은 인종차별주의자를 만나면 그 사람에게 분노하고 화를 내며 혐오할 겁니다. 저는 지금 인종차별주의를 옹호하는 게 아닙니다. 아무리 건강한 가치관과 신념을 가지고 있는 사람이라도 자신의 신념과 반대되는 사람을 만나면 쉽게 분노하고 때로는 폭력성과 배타성을 띄기 쉽다는 걸 말씀드리는 겁니다. 심지어 이 사람은 자신이 중요하게 여기는 신념과 반대되는 사람을 향해 분노하면서 이렇게 말할 겁니다.

"이건 내 잘못이 아니야. 네 잘못이야. 그러니 내가 이렇게 분노하는 건 마땅히 옳아!"

이런 모습은 우리의 일상에서도 어렵지 않게 볼 수 있습니다. 우리는 종종 직장에서 '나는 꼭 여기서 성공해야만 해. 더 높은 성과를 내고, 더 많은 인정을 받아서 그 누구보다 빨리 승진하고 높은 연봉을 받을 거야. 이건 내 인생에서 타협할 수 없는 목적이야'라는 신념을 가진 사람을 볼 수 있습니다. 때로 이런 사람이 나의 상사일 때도 있죠. 이렇게 성공에 눈이 먼 사람의 눈을 보신 적이 있으신가요? 마치 예수님을 만나기 전의 바울과 비슷합니다. 항상 눈에 독기가 가득하고요. 야망 넘치며, 나의 신념을 위해서는 물불을 가리지 않고, 맡은 프로젝트를 성공시키기 위해 부하직원과 동료들을 몰아붙이고 닦달하며 박해합니다. 그러다 일의 결과가 좋지 않을 때면 사람들을 탓하며 말하죠. "내가 이렇게까지 열심히 하고 최선을 다했는데 결과가 좋지 않은 건 일을 제대로 하지 않은 너희 때문이야!"라고요.

그런데 직장 안에서는 때로 정반대의 신념을 가진 사람도 존재합니다. 그들은 "나는 굳이 직장에서 인정받으며 성공하고 싶지 않아요. 그냥 적당히 일하고, 적당히 돈만 받으면서 워라벨을 지키는 게 최고죠"라고 말합니다. 당연히 이 사람은 평소에 회사에서 굉장히 느긋하고 여유로우며 원만하게 회사 생활을 즐기는 것처럼 보일 것입니다. 하지만 갑자기 급박한 프로젝트가 생겨 적당히 일을 할 수 없을 때, 누군가가 사정이 생겨 자신의 업무를 부탁할 때 눈이 뒤집히고 분노하며 말합니다.

"아뇨! 싫어요. 왜 제가 그렇게까지 해야 하죠? 저는 그냥 적당히 일하면 그만이라고요. 그러니 딱 제가 할 수 있는 정도만 할 거예요. 다른 사람이 피해를 보던 말던 그건 그 사람 사정이죠. 왜 제가 그런 것까지 신경 써야 하나요? 그건 옳지 않아요. 부당하다고요!"

혹시 주변에서 이와 비슷한 일들을 한 번쯤 경험해 보신

적이 있지는 않나요? 때로는 내 모습일 수도 있죠.

앞에서 예로 들었던 인종차별 반대주의자, 성공을 중요시 여기는 사람, 워라밸을 중요하게 여기는 사람이 가진 신념은 잘못되지 않았습니다. 그 신념들 모두 중요하고 가치가 있습니다. 하지만 사람들은 때로는 건강한 신념 때문에 분노하고 화를 내며 타인을 향해 살의와 같은 폭력적인 충동까지 느끼곤 합니다. 왜 건강한 신념을 가지고 있는데도 때로는 사람들의 얼굴을 찌푸리게 하는 모습을 보여 주는 걸까요? 문제는 신념 자체가 아니라 신념의 방향성에 있습니다. 신념의 방향성이 나, 즉 자기 중심성을 향해 있는 것이죠. '적어도 이 부분에 있어선 내 생각이 절대적으로 옳아. 나는 틀리지 않았어'라는 자기중심적인 신념이 나와 반대 신념을 가진 사람을 만날 때 참을 수 없는 분노를 느끼게 하는 것입니다. 바로 이게 바울이 예수님을 믿는 사람들을 목숨까지 위협하면서 박해한 이유였습니다.

# 신념이 완전히
# 뒤바뀐 바울

그렇다면 우리는 이어서 이런 질문을 해 볼 수도 있습니다.

"모든 사람이 각자의 신념을 갖고 살아갈 수밖에 없고, 이 신념 때문에 때로 폭력과 갈등과 박해가 일어난다면 도대체 해결책은 뭐죠? 기독교도 여기서 자유로울 수는 없지 않나요? 역사 속에서 기독교 때문에 수많은 박해와 전쟁이 일어났고 지금도 그렇잖아요."

맞습니다. 안타깝지만 교회도 이 문제에서 완전히 자유로울 순 없습니다. 실제 역사 속에서 교회가 자신들의 종교적 신념 때문에 사람들을 핍박하고 박해한 안타까운 일들도 꽤 많이 존재합니다. 하지만 그럼에도 이 문제를 해결할 수 있는 유일한 열쇠도 교회가 가지고 있다고 말씀드리고 싶습니다. 더 정확히 말하면 예수님께 있다고 말할 수 있겠네요. 왜냐하면 예수님은 이전까지 세상에 없던 완전히 새로운 신념의 방향성을 우리에게 주시기 때문입니다.

다마스쿠스 거리에서 환상 중에 바울을 찾아간 예수님이 하신 말씀을 주의 깊게 보기 바랍니다. 예수님은 바울이 신념 때문에 폭력적인 모습을 띤다는 이유로 그의 신념을 모조리 빼앗으며 "이제부터 너는 그 어떤 신념과 열정도 가지지 말고, 아무것도 하지 말고, 그냥 내가 시키는 것만 하거라!"라고 말씀하지 않으십니다. 예수님은 얼마든지 바울에게 이렇게 말씀하시고 강제로 그렇게 하실 수도 있었지만, 그렇게 하지 않으셨습니다. 예수님은 바울을 그 어떤 신념과 인격도 없는 로봇과 인형으로 대하기를 원하지 않으셨습니다. 그래서 예수님은 바울의 신념을 빼앗거나 마음대로 조종하지 않으십니다. 그렇다고 예수님은 바울의 삐뚤어진 신념을 그대로 내버려두지도 않으십니다. 오히려 예수님은 바울이 평생 한 번도 생각할 수 없었던 완전히 새로운 신념의 방향성을 그에게 주기 위해 말씀하십니다.

"일어나서, 성 안으로 들어가거라. 네가 해야 할 일을 일러 줄 사람이 있을 것이다" 하는 음성이 들려왔다(행 9:6).

그렇다면 예수님이 그에게 주기 원하셨던 새로운 신념의 방향성은 무엇이었을까요? 예수님은 당시 교회의 제자 중 한 사람이었던 아나니아를 통해 바울에게 새로운 신념을 주시며 말씀하십니다.

주님께서 그에게 말씀하셨다. "가거라, 그는 내 이름을 이방 사람들과 임금들과 이스라엘 자손들 앞에 가지고 갈, 내가 택한 내 그릇이다. 그가 내 이름을 위하여 얼마나 많은 고난을 받아야 할지를, 내가 그에게 보여 주려고 한다"(행 9:15-16).

예수님이 바울의 신념을 어떻게 바꾸고 있는지가 보이시나요? 지금 예수님은 단순히 '나가서 전도하거라' 정도를 말씀하시는 게 아닙니다. 예수님은 바울이 상상조차 하지 못했던 완전히 다른 신념을 그에게 주고 계십니다. 이전까지 바울이 가지고 있던 중요한 신념의 한 부분은 '하나님을 모르는 이방인들은 더럽고 부정하며 저주와 버림받기 마땅한 존재다'라는 것이었습니다. 당연히 이런 신념을 가진 바울에게 이방인은 핍박받고 박해받아 마땅하며 하나님께 구원받고 사랑받을 자격 같은 건 하나도 없는 자들이었습니다. 그런데 오늘 예수님이 이런 바울의 신념을 바꾸며 뭐라고 하시죠?

"이제부터 너는 너의 신념과 다르고, 네가 보기에 옳지 않다고 생각하는 그 사람들을 위해 살거라. 심지어 그들이 너를 핍박한다고 할지라도 너는 그들을 섬기고 희생하며 사랑하거라."

예수님은 바울에게 평생 이방인들을 위해 살라고 하십니다. 그뿐 아니라 그들을 위해 기꺼이 고난까지 받으라고 하시죠. 예수님은 이방인들을 위해 핍박조차도 기꺼이 감내하는 사랑과 헌신의 신념을 바울에게 심고 계십니다!

지금 바울의 신념에 어떤 변화가 일어나고 있는지 보이시나요? 이전까지 바울은 자신의 종교적 신념에서 벗어난 사람들은 얼마든지 핍박하고 박해해도 된다고 생각했습니다. 그런데 예수님은 이런 바울의 신념의 방향성을 완전히 새롭게 바꾸십니다. 예수님은 지금껏 바울이 상상하거나 꿈꿀 수 없었던, 나와 신념이 달라도, 심지어 나를 핍박하는 원수까지도 기꺼이 사랑하고 그들을 위해 희생할 수 있도록, 사랑과 섬김의 신념으로 방향성을 바꾸고 계십니다.

바로 이게 오늘날에도 우리가 진정으로 하나님을 만나고 우리의 내면에 진정한 회심이 일어날 때 일어나는 일입니다. '마음이 바뀌다'라는 단어 그대로 우리의 내면에서 회심이 일어날 때 우리 마음의 방향은 전환됩니다. 방향의 전환이라고 말하니 뭔가 대단하게 들릴지 모르지만 그렇지 않습니다. 이 말은 당장 완벽히 살아가게 된다는 말이 아닙니다. 그냥 내 마음과 생각이 이전과 다르게 바뀌는 것, 이게 신념의 변화입니다. 이전까지는 "다른 건 몰라도 이건 내가 무조건 옳아. 그러니 이걸 건드리면 그 누구든 가만두지 않을 거야"라고 말하던 우리의 내면이 "나는 누구든 용서할 수 있어. 비록 나와 신념이 다르고 때로는 저 사람이 나를 핍박한다 해도 나는 끝까지 그를 섬기고 사랑하기 위해 노력할 거야. 이게 내 새로운 신념이야"라는 것으로 바뀌는 것. 나와 다르다고 생각하는 사람은 사랑하지 않던 내가 그런 사람까지도 기꺼이 사랑하고 섬겨야 할 대상으로 생각하는 것. 이게 신념의 방향 전환입니다.

하지만 이런 신념의 방향 전환은 우리의 노력만으로는 이루어지지 않습니다. 만약 여러분이 내 노력으로 누군가를 사랑하고 섬기려 한다면 분명 얼마 가지 못해 좌절하고 넘어질 게 분명합니다. 아마 이 과정에서 나조차도 제대로 돌보지 못할 것입니다. 그렇다면 어떻게 우리는 이런 신념의 변화를 경험하며 살아갈 수 있을까요? 방법은 생각보다 간단합니다. 하나님이 우리를 향해 어떤 신념을 가지고 계셨는지를 더욱 깊게 알고 기억하면 됩니다. 우리를 향한 하나님의 신념이 뭘까요? 특별히 사도행전 9장 5절에서 우리는 하나님이 우리에게 어떤 신념을 가지고 계셨는지 잘 알 수 있습니다.

> 그가 그래서 "주님, 누구십니까?" 하고 물으니, "나는 네가 핍박하는 예수다"(행 9:5).

어딘가 이상하지 않나요? 바울이 언제 예수님을 핍박했죠? 그는 예수님을 믿는 사람들을 핍박하고 박해했을진 몰라도 직접적으로 예수님을 핍박한 적은 단 한 번도 없었습니다. 심지어 그는 오늘 이전까지는 예수님을 직접 만난 적도 없습니다. 그런데도 예수님은 분명하게 바울이 자신을 핍박하고 있다고 말씀하십니다. 이게 도대체 무슨 말이죠? 예수님은 자신을 믿는 사람들과 자신을 완전히 동일시하며 이렇게 말씀하고 계십니다.

"나를 믿는 자들과 나는 하나다. 그러니 네가 나를 믿는 자들을 핍박한 것은 곧 나를 핍박한 것과 동일하다."

이게 얼마나 놀라운 말인지 아시나요? 저희 교회에서 찬양을 인도하는 한 형제는 과거 교도소에서 예배 사역을 하며 그곳 재소자들과 함께 예배를 드린 적이 있습니다. 언젠가 이 형제가 당시의 이야기를 떠올리며 제게 말했습니다.

"처음에는 세상에서 죄를 지은 사람들도 하나님 앞에 나와 찬양하고 기도하며 회개하고 눈물 흘리는 모습에 저도 큰 감동과 은혜를 받았어요. 그런데 어느 날 문득 그 사람들을 보는데 이런 생각이 들더라고요. 만약 저 사람이 내 사랑하는 사람에게 피해를 입힌 가해자라면? 그 생각이 들자, 순간 그 사람들이 너무 싫고 가증스럽게 보였어요."

저 또한 그 형제의 이야기를 들으며 충분히 공감할 수 있었습니다. 과연 우리는 내가 사랑하는 사람이나 나에게 심각한 피해를 입힌 사람을 진정으로 사랑하고 섬길 수 있을까요? 물론 누군가는 이렇게 말할 수도 있을 겁니다. "하지만 하나님 앞에서 우리는 결국 똑같은 죄인 아닌가요?" 심각한 범죄를 일으켜 감옥에 있는 범죄자와 내가 정말 동일하다고 생각하나요? 우리는 "하나님 안에서 우리는 모두 동일한 죄인입니다"라는 말에 어느 정도 인정할 수 있어도 심각한 범죄를 일으킨 저 범죄자와 내가 완전히 동일하다고까지 생각하진 않습니다. "물론 나도 연약한 죄인이지만 아무리 그래도 저 사람과 같을 순 없지"라고 생각하죠. 그런데 오늘 예수님은 말씀하십니다.

"나는 너와 하나다."

이게 무슨 말이죠? 하나님의 아들이며 완전히 거룩하고 완전히 정결하며 흠이 없으신 예수님이 우리를 향해 이렇게 말씀하시는 것입니다.

"네가 얼마나 연약하고 무지하든, 네가 얼마나 더럽고 수치스럽든, 네가 얼마나 보잘것없고 못났든, 그런 것에 상관없이 나는 너와 완전히 하나다. 내가 너처럼 여김을 받겠고, 너처럼 욕을 당하겠으며, 너처럼 죄악되겠고, 너처럼 부끄러워지고 수치스러워지겠다. 내가 너처럼 모든 비난과 모욕을 당하겠다. 네가 입고 있는 그 죄수복을 내가 입겠고, 네가 받을 범죄의 혐의를 내가 모두 뒤집어쓰며, 네가 받을 그 형벌을 내가 대신 받겠다. 내가 너와 똑같은 존재로 여김을 받겠다. 내가 곧 너이기 때문이다."

그런데 "나는 너와 하나다"라는 예수님의 말씀에는 이 의미만 담겨 있지 않습니다. 이 말을 통해 예수님은 이렇게도 말씀하십니다.

"내가 너와 하나가 되었다면 이제는 너도 나와 하나다. 너는 이제 네 죄악된 행동과 못남과 부족함에 상관없이 나처럼 완전한 의인으로 여김을 받겠고, 나처럼 완전히 정결한 자로 여겨질 것이며, 내가 누렸던 하나님의 가장 사랑받는 자녀와 왕이라는 영광을 누릴 것이다. 내가 행동한 모든 순종과 선함과 아름다움이 곧 하나도 빠짐 없이 네가 한 것으로 여겨질 것이다. 내가 곧 너와 하나이듯 이제 너도 나와 하나이기 때문이다."

그래서 오늘 바울에게 나타난 예수님은 "네가 왜 나를 핍박하느냐?"라고 하시며, "이제 내가 너를 저주하고 벌할 것이다. 너는 영원히 용서받지 못할 것이다"라고 말씀하지 않으십니다. 왜냐하면 예수님은 바울과도 기꺼이 하나가 되기를 원하셨기 때문입니다. 예수님은 바울을 향해서 이렇게 말씀하십니다.

"나를 믿는 자들이 나와 하나인 것처럼 나는 나를 핍박하고 박해한 너와도 하나가 되길 원한다. 네가 그동안 해 왔던 수많은 실수와 죄악과 잘못과 수치와 부끄러움을 기꺼이 나의 것으로 가져가겠다. 내가 곧 네가 되겠다. 너는 이런 나를 믿고 인정하기만 하거라. 그리고 내가 너에게 한 것처럼 이제 너도 그동안 네가 원수처럼 여기던 사람들을 사랑하고 섬기며 살거라. 이것이 내가 너에게 주는 새로운 신념이다."

예수님이 바울에게 어떤 신념을 주고 계시는지 이해할 수 있겠습니까? 실제 예수님과의 만남 이후에 바울은 완전히 다른 사람으로 바뀌기 시작합니다. 그의 신념이 더 흐릿해지고 약해졌기 때문일까요? 아니요. 오히려 예수님을 만난 이후 바울의 신념은 훨씬 더 강하고 견고해졌습니다. 예수님과의 만남 이후 바울에게는 그 무엇과도 타협할 수 없는 더욱 강하고 확고한 신념이 생겼습니다. 그리고 이 신념은 바울을 이전에 없던 완전히 새로운 사람으로 변화시켜 주었습니다. 이 신념은 바울을 이전보다 훨씬 더 열정적이고 도전적이며 강하게 해 주었지만, 동시에 그를 너무나 온유하고 부드러우며 사랑과 배려가 넘치게 해 주었습니다. 왜냐하면 그의 신념의 방향성이 자기 중심을 넘어 나와 생각이 다른 이들도 기꺼이 사랑하고 섬기는, 심지어 자신을 괴롭히고 핍박하는 사람들도 사랑할 수 있는 신념으로 바뀌었기 때문입니다. 훗날 바울은 이런 자신의 변화를 두고 이렇게 고백합니다.

> 내가 전에는 훼방자요 박해자요 폭행자였습니다. 그러나 그러한 행동은 내가 믿지 않을 때에 알지 못하고 한 것이므로, 하나님께서 나에게 자비를 베풀어 주셨습니다. … 그러나 하나님께서는 나에게 자비를 베푸셨습니다. 그 뜻은 그리스도 예수께서 끝없이 참아 주심의 한 사례를 먼저 나에게서 드러내 보이심으로써, 앞으로 예수를 믿고 영생을 얻으려고 하는 사람들의 본보기로 삼으시려는 것입니다(딤전 1:13, 16).

## 변화된 신념을
## 연습하고 다듬는 곳

바울은 자신에게 일어난 일이 오직 하나님의 은혜였다고 말하고 있습니다. 바울은 그의 도덕적인 행동이나, 선한 삶, 종교적인 노력이나 올바른 가치관 때문이 아니라 오직 하나님의 사랑과 긍휼로 이런 은혜를 경험할 수 있었습니다. 그리고 이 사실은 그가 기꺼이 받은 은혜를 다른 사람에게도 베풀 수 있는 마음을 갖게 해 주었습니다.

그렇다고 이런 사랑과 섬김의 신념이 한순간에 생긴 것은 아닙니다. 바울은 예수님이 자신에게 주신 새로운 신념이 어떤 것인지를 알았지만 그것을 더욱 구체적으로 배우고 알아

가며 연습해야만 했습니다. 그렇다면 그는 어디서 이런 사랑과 섬김의 신념을 연습하고 배웠을까요? 바로 교회 공동체입니다.

예수님은 바울을 아나니아에게 보내십니다. 그래서 사도행전 9장 19절에서 성경은 바울이 다마스쿠스에 있는 다른 제자들과 함께 며칠을 함께 있었다고 말합니다. 저는 이 모습을 상상하며 바울의 놀랐을 얼굴이 떠오릅니다. 생각해 보세요. 바울은 얼마 전까지 교회 사람들을 가혹하게 핍박하던 사람이었습니다. 다마스쿠스의 교회에도 바울에게 핍박받던 사람들과 가족이 있었을 것입니다. 그럼에도 이들은 교회에 들어온 바울을 진실로 사랑하고 섬겼습니다. 물론 처음에는 의심하는 눈초리와 경계심도 있었을 것입니다. 그러나 오래 지나지 않아 그들은 바울을 용서했고 진심으로 그를 섬기고 사랑했습니다. 바울은 이런 교회의 모습을 통해 그리스도인들의 사랑과 섬김의 신념이 어떤 것인지를 구체적으로 배우고 알아 갔을 것입니다. 그리고 이런 사랑과 섬김의 신념이 얼마나 대단한 것인지를 확신했을 게 틀림없습니다.

이처럼 신념은 갑자기 '뿅' 하고 생기거나, 한순간에 확고해지지 않습니다. 어떤 신념은 그동안 내가 살면서 경험하고 함께한 주변의 영향력을 통해 생겨납니다. 그래서 우리가 내 신념과 다른 누군가를 향해 쉽게 분노하고 화를 내며 정죄하고 배척하는 것입니다. 우리가 세상에서 보고 경험한 것이 대부분 그런 것들이기 때문입니다. 사람들은 평생 사랑을 이야기하면서 정작 내 생각처럼 사랑하지 않는 사람을 향해서는 분노하고 화를 내며 배척합니다. 또 사랑해서 결혼했는데, 상대방의 사랑 표현 방법이 나와 다르다는 이유로 미워하게 될 때가 얼마나 많습니까? 이 모든 것들이 자기중심적 사랑의 신념입니다.

하지만 교회는 다릅니다. (적어도 교회가 예수님의 신념을 정말 잘 받아들이고 이행한다면요.) 교회는 예수님을 통해 원수까지도 사랑하는 사랑과 용서의 신념이 어떤 것인지를 경험한 사람들이 모여 있는 곳입니다. 교회가 이런 신념을 가질 수 있는 있는 가장 큰 이유는 우리가 먼저 이 신념을 경험했기 때문입니다. 우리는 예수님의 원수였습니다. 우리는 하나님을 싫어했고 그분을 부담스러워했으며, 하나님을 부당하고 억압적인 분이라고 여겨 왔습니다. (실제로 그분이 어떤 분인지 제대로 경험하거나 알아본 적도 없으면서 말이죠.) 바로 이게 모태신앙으로 교회에서 자란 사람들도 얼마든지 하나님과 원수가 될 수 있는 이유입니다. 겉으로 보이는 종교생활을 충실히 잘하고, 조금 더 착하게 살기 위해 노력했다고 해서 하나님과 원수가 아니라고 생각합니까? 아닙니다.

바울 또한 이전까지는 단 한 번도 자신이 하나님과 원수라고 생각해 본 적이 없었습니다. 마땅히 모범적이고 열정적이며 좋은 신앙인이라고 생각했죠. 하지만 예수님을 만나는 순간 그는 깨달았습니다. 자신이 하나님의 원수였다는 사실을요. 왜냐하면 자신이 하나님이 사랑하는 사람들을 미워하고 증오하며 그들을 향해 분노하고 있었거든요. 마찬가지입니다. 만약 여러분이 아무리 교회를 열심히 다니며 신앙생활을 잘하고 있다고 해도 그분이 사랑하는 다른 이들을 원수로 바라보고 증오하며 '내가 너보단 낫다'는 영적 우월감을 가지고 있다면 여러분은 여전히 하나님의 원수일 수 있습니다.

그런데 이런 우리에게 어느 날 놀라운 소식이 들립니다. 하나님의 아들이자 하나님이신 예수님이 원수인 우리와 기꺼이 하나가 되어 주셨다는 사실입니다. 우리는 내가 싫어하는 사람과 같은 공간에 있는 것조차도 싫어합니다. 우리는 보잘것없어 보인다고 생각하는 사람과 내가 같은 대우를 받을 때면 옳지 않다고 여기며 화를 냅니다. 우리는 나보다 연약하고 부족하며 못난 존재와 결코 같은 취급 받기를 원하지 않습니다. 그런데 예수님은 이다지도 못나고 연약한 우리와 하나가 되기를 조금도 망설이지 않으셨습니다. 하나님이 우리를 향해 얼마나 놀라운 은혜를 베푸셨는지 느껴집니까? 교회는 이런 하나님의 놀라운 은혜를 조금 더 먼저 깨닫고 고백한 사람들이 모인 곳입니다.

하나님이 나에게 베풀어 준 이 놀라운 은혜를 알 때 우리는 이전까지 "나는 저 사람과는 도저히 하나가 되기 싫어"라고 말했다면 이제는 "나와 저 사람은 너무나 다르지만 예수님은 이런 나와도 하나가 되셨고 저 사람과도 하나가 되어 주셨어. 그러니 예수님 안에서 이제 우리는 하나야"라고 고백하며 다른 사람을 내가 먼저 사랑하고 섬기는 일을 할 수 있습니다. 그러니 여러분의 공동체를 가볍게 생각하지 않기를 바랍니다. 동시에 공동체에 나와 맞지 않는 사람이 있다고 너무 이상하게 생각하지도 않기를 바랍니다. 교회 공동체는 나와 똑같은 사람들이 모여 있는 곳이 아니라 나와 너무나도 다른 사람들이 예수님 아래에서 하나를 이룬 곳입니다. 예수님은 나와도 기꺼이 하나가 되신 것처럼 그 사람과도 기꺼이 하나가 되어 주셨습니다. 우리 모두와 하나가 되어 주신 예수님이 있다면 우리는 이미 하나입니다. 이처럼 하나님이 우리에게 먼저 너무나 놀라운 사랑과 섬김의 신념을 베풀어 주셨다는 사실을 알 때 우리의 신념은 변화를 맞이하기 시작합니다. 그리고 이 놀라운 사실 안에서 우리는 서로가 서로를 먼저 섬기며 사랑하기 위해 노력할 수 있습니다. 이것이야말로 그 무엇과도 바꿀 수 없는 우리의 신념이니까요.

예수님과의 만남 이후에 바울은 이방 나라를 돌아다니며 예수님을 전하다 수도 없이 핍박받고 고난받으며 때로는 죽음의 위협에 시달리기도 했습니다. 하지만 바울은 이 일을 마지못해 억지로 하지 않았습니다. 바울에게는 이방 사람들에게 예수님을 전하며 핍박과 고난을 받는 일은 그의 삶 자체였습니다. 왜냐하면 그의 신념의 방향성이 자기 중심성을 넘어 이웃을 사랑하고, 나를 핍박하는 원수까지도 품을 수 있는 사랑과 섬김으로 바뀌었기 때문입니다. 심지어 이것은 바울에게 결코 타협할 수 없는 절대적인 신념이었습니다.

그리스도인은 바로 이 사랑과 섬김을 그 무엇과도 타협할 수 없는 절대적 신념으로 삼고 살아가는 사람들입니다. 그럼에도 여전히 세상에서 이런 신념을 가지고 살아가는 건 분명 힘들고 버겁습니다. 하지만 그때마다 예수님이 우리에게 무엇을 말씀하셨는지 기억하길 바랍니다. 예수님은 자신을 믿는 수많은 사람을 핍박하고 박해하며 때론 죽이기까지 했던 바울과도 하나가 되기를 마다하지 않으며 그에게 말씀하셨습니다.

"나를 믿는 자들이 나와 하나인 것처럼 나는 너와도 하나가 되길 원한다. 네가 그동안 해 왔던 수많은 실수와 죄악과 잘못과 수치와 부끄러움을 기꺼이 내가 나의 것으로 여길 것이다. 내가 곧 네가 되겠다. 너는 이런 나를 믿고 인정하기만 하거라."

이 예수님은 오늘날에도 너무나 연약하고 부족하며 수도 없이 넘어지는 저와 여러분에게도 똑같이 말씀하십니다. 우리에게 이런 예수님이 있다면 그분을 따라 변화된 신념으로 살아간다는 건 그 자체로 가장 놀라운 특권이자 축복입니다. 무엇과도 타협할 수 없는 이 사랑과 섬김의 신념이 우리를 일그러진 분노에서 벗어나게 해줄 것입니다.

분노를 지나는
당신을 위한 질문들

1. 마찰을 일으키거나 반대에 부딪힐 때 나를 가장 분노하게 하는
   나의 신념 혹은 가치관은 무엇인가요?

2. 나의 신념과 완전히 반대되는 사람을 만났을 때, 어떤 감정이
   들고 어떻게 반응하나요?

3. 나의 연약함과 부족함 수치와 죄를 알면서도 "내가 기꺼이 너
   와 같이 되겠다"라는 예수님의 말씀이 나에게 어떤 의미와 변
   화를 가져다줄 수 있을까요?

4. 당신의 삶에서 '원수'라고 여겨지는 사람이 있나요? 나는 그 사
   람을 어떻게 대하고 그 사람을 위해 어떤 기도를 할 수 있을까
   요?

5. 예수님을 통해 신념의 방향성이 바뀐다는 것은 어떤 모습일까
   요? 이런 신념의 변화를 경험해 본 적이 있나요?